Gordon Stokes
Daniel Whiteside

ONE BRAIN
Workshop-Buch

Korrektur legasthenischer Lernstörungen
und Gehirnintegration

VAK Verlag für Angewandte Kinesiologie GmbH
Freiburg im Breisgau

Titel der amerikanischen Originalausgabe:
ONE BRAIN. Dyslexic learning correction and brain integration
© THREE IN ONE CONCEPTS INC., Burbank CA 1984
2. Auflage 1987
ISBN 0-918993-00-8

Die Deutsche Bibliothek – CIP-Einheitsaufnahme

Stokes, Gordon:
One brain : Korrektur legasthenischer Lernstörungen und
Gehirnintegration / Gordon Stokes ; Daniel Whiteside.
[Übers.: Ulrich Wilutzky. Bearb.: Helga Petres-Lesch und
Alfred Schatz]. – 4. Aufl. – Freiburg im Breisgau : Verl. für
Angewandte Kinesiologie, 1995
　(Workshop-Buch)
　Einheitssacht.: One Brain < dt. >
　ISBN 3-924077-14-2
NE: Whiteside, Daniel; Petres-Lesch, Helga [Bearb.]

4. Auflage: 1995
© VAK Verlag für Angewandte Kinesiologie GmbH, Freiburg 1990
Übersetzung: Ulrich Wilutzky
Bearbeitung: Helga Petres-Lesch und Alfred Schatz
Fotografien: Horst Acher
Lektorat: Norbert Gehlen
Umschlag: Hugo Waschowski
Gesamtherstellung: Fuldaer Verlagsanstalt GmbH, 36003 Fulda
Printed in Germany
ISBN 3-924077-14-2

Inhalt

Vorwort 9

Kapitel 1
Das Problem: Erkennung und Abbau
legasthenischer Zustände, die
Lernstörungen hervorrufen 11
  Was ist „Legasthenie"? 13
  Die dominante Gehirnhälfte 18
  Das dominante Hinterhirn 21
  Die Allgemeine Integrations-Zone (AIZ) 22
  Die Sprachzentren 26
  Das dominante Vorderhirn 30
  Die Zone für Bewußtes Assoziatives Denken
  (ZBAD) 34
  Dominante und nicht-dominante
  Gehirnfunktion 38
  Der neurologische Überkreuzfluß 42
  Übersicht: Vorteile der nicht-dominanten
  Gehirnhälfte 44
  Legasthenie und die dominante Gehirnhälfte 45

Kapitel 2
Streß bedeutet verminderte geistige Kapazität 49
  Die Anzeichen für Streß 50
  Alarmzeichen 53
  Zusammenfassung 54

Kapitel 3
Wie man legasthenische Störungen und
ihre Ursachen erkennt 57

Muskeltest: Feedback vom Körper 60

Die fünf Testmuskeln 67

Funktionskreise und ihre möglichen
Blockierungen 73

Indikatormuskel mit klarem Funktionskreis 75

Korrektur eines blockierten Funktionskreises ... 78

Vertiefung der Fähigkeiten 81

Demonstration des Einflusses
von Emotionen auf den Körper 83

Negative Emotionale Ladung (NEL) =
Desorientierung innerhalb des Körpers 85

Streß und Legasthenie der
dominanten Gehirnhälfte 87

Kapitel 4
Identifizierung legasthenischer Lernstörungen:
Die Untersuchung (1. Teil) 89

ONE BRAIN – Checkliste 90

Switching-Tests 92

Test von Zentral- und Gouverneursgefäß 96

Kapitel 5
Identifizierung legasthenischer Lernstörungen:
Die Untersuchung (2. Teil) 99

Wenn „Anforderungen" Streß verursachen 99

Lesewahrnehmungstest 104

Test für die Auffassung von Zahlen 106

Überqueren der Mittellinie:
Verständnis/Merkfähigkeits-Test 107

Augen-Kurzschluß-Test 111

Ohren-Kurzschluß-Test 115

Fixierungstest 118
Überkreuz-Muster 123
Zungenbein-Test 127
Transversalfluß-Test 129
Nahrung/Genetik-Test 131
Test der Allgemeinen Integrations-Zone (AIZ) ... 133
Test für den Abbau von emotionalem Streß 135

Kapitel 6
Das Isolieren von Korrekturprioritäten 139
Fingerdetermination 139
Indikator für reaktive Muskeln 142

Kapitel 7
Altersrezession 145

Kapitel 8
Korrekturen 153
Die elektrische Kategorie 153
Die emotionale Kategorie 174
Die Kategorie Nahrung/Genetik 183
Die strukturelle Kategorie 185
Die Kategorie Reaktive Muskeln 190
Zusammenfassung:
Der ONE BRAIN-Korrekturprozeß 193

Kapitel 9
Der Ablauf von Untersuchung und Korrektur 197
Teil 1: Die Untersuchung 197
Teil 2: Der Korrekturvorgang 211

Anhang

1. Test-Übersicht 223
2. ONE BRAIN-Korrekturablaufplan 224
3. Checkliste zur Verhaltensbeurteilung 225
4. Korrektur der Legasthenie und
   Verhaltensänderungen 226
5. Ergebnisse eines Sonderschul-Projektes 229
6. Literaturhinweise 233
7. Stichwortverzeichnis 235

Vorwort

Das *ONE BRAIN*-System wurde zwar von uns entwickelt, konnte jedoch letztlich nur dadurch entstehen, daß wir aus vielen bereits vorhandenen Quellen und aus unserer Arbeit mit Klienten und Schülern schöpfen konnten. Aus der Notwendigkeit entstand Wachstum. Entsprechende Quellen sind im Text aufgeführt.

Besonders erwähnt seien an dieser Stelle:

Dr. George Goodheart, Dr. John Thie und *Dr. Sheldon Deal* für ihre kreative Arbeit in der Entwicklung der Angewandten Kinesiologie;

Robert Shame für seinen Anteil am Brainstorming des *ONE BRAIN*-Gesamtschemas;

Richard Utt für sein Konzept des Freien Energieflusses, das uns Energie, Intuition und Bereitschaft gab, „gegen den Strom zu schwimmen" und anderen beim Wissen um ihr eigenes Wissen zu helfen.

Gordon Stokes, Daniel Whiteside

Hinweis

Die hier beschriebenen Methoden und Vorgehensweisen dienen zu Informations- und Übungszwecken. Die Autoren und *THREE IN ONE CONCEPTS* betonen, daß dieses Werk weder direkt noch indirekt als Diagnose oder Therapie für eventuelle Krankheiten der Leser gedacht ist. Es liegt ganz in der Verantwortung des Lesers, mit den im Buch beschriebenen Methoden zu experimentieren.

Dieses Buch ist primär als Begleitmaterial zum gleichnamigen Kurs gedacht. Es enthält jedoch auch eine Fülle von Informationen für den interessierten Leser.

Ohne schriftliche Erlaubnis des Verlags für Angewandte Kinesiologie darf kein Teil dieses Buches in irgendeiner Form reproduziert werden.

Kapitel 1

Das Problem: Erkennung und Abbau legasthenischer Zustände, die Lernstörungen hervorrufen

Mitte der 60er Jahre erkannten Mediziner die erstmals diagnostizierten, als „Legasthenie" und „legasthenische Lernstörungen" bezeichneten Zustände als eine Folge einer Verletzung des Gehirns an. Kinder, die nicht richtig lesen oder schreiben konnten, die Worte, Buchstaben oder Symbole verdrehten oder ganze Sätze nicht erfassen konnten, wurden als gehirngeschädigt abgestempelt. Die einzige Behandlung, und zwar nur jener Fälle, die hyperaktives Verhalten einschlossen, bestand in der Gabe von Medikamenten. In dem darauffolgenden Jahrzehnt sah jeder, bei dem Legasthenie diagnostiziert wurde, einer finsteren Zukunft entgegen.

In den siebziger Jahren konnten die von Legasthenie Betroffenen aufgrund neuer Gehirnforschungsergebnisse neue Hoffnung schöpfen. Die *Krankheitstheorie* wurde zugunsten der *Theorie eines Mangels am Erlernen von Koordination während der frühesten Kindheit* verworfen. Auf dem Gebiet der Wiederausbildung motorischer Fähigkeiten von Gehirn und Körper wurde bemerkenswerte Arbeit geleistet. Mit dieser Zunahme an integrierter Funktion machten viele junge Schüler erstaunliche Fortschritte, sowohl in ihrer Lernfähigkeit als auch in ihrer Fähigkeit, mit ihren Gefühlen umzugehen.

In den frühen achtziger Jahren entdeckten Forscher eine völlig neue Theorie zur Erklärung von Lernstörungen. Demzufolge war das Problem eine Folge der *Nichtintegration von rechter und linker Gehirnhälfte*. Informationen über die beiden Gehirnhälften wurden rasch populär. Endlich hatte man den Feind entdeckt! Die linke, analytisch lernende Gehirnhälfte war schuld an der ständigen Blockade der geheiligten Kreativität, der ganzheitlichen Sichtweise der rechten Gehirnhälfte. Eine große Bewegung mit dem Motto *„Entwickelt das rechte Gehirn!"* begann sich zu formieren. Die Behandlung legasthenischer Lernstörungen konzentrierte sich auf bewußt gesteuerte Aktivität der rechten Gehirnhälfte, Überkreuz-Koordinationsübungen und die Ermöglichung des Lernens in einer positiv unterstützenden Umwelt, – dies alles mit dem Ziel der Integration und Balance der zwei Gehirnhälften.

Heute verschreiben die Mediziner weiterhin Medikamente wie Dramamin zur Beeinflussung des Gleichgewichtsorganes im Innenohr und eliminieren damit das Bewegungskrankheits-Syndrom (Kinetose), das zu Recht mit Koordinationsschwierigkeiten assoziiert wird. Die Human-Potential-Bewegung vertritt zum größten Teil den Ansatz der integrierten Gehirnhälften. Und jedermann sieht auch, daß beachtliche Fortschritte mit dieser Methode gemacht werden.

In diesem Buch wird nun ein völlig anderer Lösungsansatz vorgestellt. ONE BRAIN bietet neue Erklärungen dafür, was Legasthenie ist, wie sie entsteht und wie ihre Ursachen korrigiert werden können.

Unsere Quelle? Jeder aktuelle Text über Anatomie, Physiologie und/oder Neurologie. Die Information stand zur Verfügung, seit Arthur Guytons *PHYSIO-LOGY OF THE HUMAN BODY* und *SPEECH AND BRAIN MECHANISMS* 1959 durch Wilder Penfield/Lamar Roberts das erste Mal veröffentlicht wurden. Unverständlich ist nur, warum die Mediziner und die holistische Bewegung nicht einfach zwei und zwei zusammengezählt haben, zumal sich die Antwort auf das Problem der Legasthenie extrem einfach zeigt, sobald die Grundfunktionen des Gehirns verstanden sind.

Was ist Legasthenie?

Tatsächlich ist die Ursache für Legasthenie nur sehr selten eine Schädigung im Gehirn, die Sprache, Sprachwahrnehmung oder Verständnis beeinflußt. Gelegentlich treten diese Erscheinungen aufgrund von Problemen auf, die mit dem Innenohr zusammenhängen. Oft beruht das Problem auf Kommunikationsstörungen zwischen rechter und linker Gehirnhälfte. Aber in fast allen Fällen resultieren die Lernstörungen, die hier allgemein und grob generalisierend als Legasthenie bezeichnet werden, aus emotionalem Streß während des Lernens, einem so intensiven Streß, daß sich aufgrund von Angst, Angst vor Schmerz oder Schmerz selbst das Individuum einen blinden Fleck bezüglich der vorhandenen Lernfähigkeit einprogrammiert.

Abgesehen von den wenigen Fällen, in denen ein physisches Trauma des Gehirngewebes die Ursache ist, *resultiert Legasthenie aus einer Verleugnung der Lernfähigkeit in einem bestimmten Bereich der Lebenserfahrung als Folge einer bewußten Entscheidung, die in einem Moment starken emotionalen Stresses getroffen wurde.* Es handelt sich also schlicht um eine neurologische Funktion, nicht um eine Störung!

Legasthenie bedeutet auch keine Einschränkung des Lebens. Sogar in den sehr seltenen klinisch begründeten Fällen eines physischen Traumas findet der menschliche Geist einen Weg, solche blinden Flecke in der Wahrnehmung zu umgehen. Es ist allgemein bekannt, daß die meisten Legastheniker erstaunlich kreativ werden, wenn es darum geht, mit dem Problem fertig zu werden, ganz zu schweigen von seiner Vertuschung. Unserer Erfahrung nach leiden die meisten kreativen Leute an Legasthenie, wissen es und lenken ihre kreativen Anstrengungen auf Ausdrucksgebiete, die von diesem speziellen blinden Fleck nicht betroffen sind.

Natürlich hat die Legasthenie weder das kreative Schreiben eines Stephen J. Cannell blockiert noch die schauspielerische Ausdruckskraft einer Cher, die übrigens beide bereitwillig über ihre Legasthenie sprechen. Sie kennen das Problem und haben es direkt in Angriff genommen, was offensichtlich die beste Art ist, etwas dagegen zu unternehmen.

Die meisten Legastheniker forschen jedoch nicht nach, was da nicht stimmt, sondern ziehen einen Schluß wie: „Ich lese halt nicht gut, also lese ich nicht sehr viel" oder „Meine Handschrift ist nicht so gut, also benutze ich eine Schreibmaschine" oder „Ich konnte noch nie rechnen, also lasse ich jemand anderen mit den

Zahlen hantieren. Dafür sind Buchhalter schließlich da. Oder?"

Natürlich hilft eine solche Verleugnung nicht zur Verbesserung der Situation. Tatsächlich ist die Verleugnung eines Problems eine Entscheidung, die dazu führt, daß ein Muster geschaffen wird, nach dem alle weiteren Probleme ebenso behandelt, sprich verleugnet werden.

Trotzdem würden die meisten Leute lieber mit einer Einschränkung leben, als öffentlich zuzugeben, daß etwas nicht stimmt. Bedauerlicherweise führt dies jedoch dazu, daß die Betroffenen nicht die Hilfe erhalten, die sie brauchten. Während das neurologische System in seiner perfekten Art im Zustand der Einschränkung niemals in einer Sackgasse enden würde, führt uns jedoch der emotionale Streß, den wir mit einem „identifizierten" Problem verbinden, dahin.

In Wahrheit haben wir alle legasthenische Lernstörungen. Es tut nichts zur Sache, wie gut wir lesen, verstehen, schreiben oder rechnen. Irgendwo während unseres Wachstums sind wir gegen eine Mauer von überwältigendem emotionalen Streß gelaufen und haben uns entschieden, uns gegenüber einem bestimmten Bereich des Lernens blind zu stellen. Darüber hinaus haben wir von da an die Möglichkeit geleugnet, daß wir mit diesem Thema jemals fertig werden könnten. Diese Entscheidung, unsere Fähigkeit zu verleugnen, verurteilt uns dazu, täglich Spuren zu verwischen, die unsere Mängel aufdecken könnten. Die Entscheidung liegt so lange zurück, daß die meisten von uns sich nicht mehr erinnern können, wann oder warum sie getroffen wurde! Wenn wir diese auslösenden Ereignisse einmal vergessen oder, genauer gesagt, die Erinnerung daran unterdrückt haben, fühlen wir uns hilflos beim Versuch, ihre Auswirkungen in der Gegenwart zu verändern.

Aufgrund von Angst, Schmerz oder Angst vor Schmerz, haben wir uns „damals" abgeschaltet, und unser Glaubenssystem hält den Zustand für einen Teil von uns.

Das ONE BRAIN-System entschärft legasthenische Fusion

Eine emotional begründete Blockade der Wahrnehmung ist wie der Vorgang einer Fusion, bei der unter großer Hitzeeinwirkung zwei Elemente verschmelzen und dabei viele ihrer individuellen Merkmale verlieren. In der „Hitze intensiver Gefühle" wie Angst, Schmerz oder Angst vor Schmerz verschmolzen wir unsere Fähigkeit zur Wahrnehmung mit unserer Unfähigkeit, in dieser Situation zu „überleben", und entschieden uns, uns der Ursache gegenüber blind zu stellen, um nicht mit noch mehr Schmerz fertigwerden zu müssen. Da diese Fusion in der Vergangenheit geschehen ist, ist es notwendig, die damals beteiligten Gedächtnisneuronen zu aktivieren und die enthaltene Negative Emotionale Ladung (NEL) zu entschärfen.

Ohne Abbau der Ursachen hält keine Korrektur länger als bis zum nächsten ähnlichen Stressor.

Das *ONE BRAIN*-System beschäftigt sich mit Gegenwart und Vergangenheit, um für die Zukunft von der die Wahrnehmung blockierenden Negativen Emotionalen Ladung zu befreien. Wir identifizieren die exakte Wesensart der Blockade, die in der Gegenwart existiert.

Dies führt zur automatischen Eingabe aller damit verbundenen Erinnerungsmuster aus der Vergangenheit. Mit der Altersrezession wird festgestellt, wann wir die Negative Emotionale Ladung mit der Wahrnehmung verschmolzen haben.

Der neurologische Modus operandi der Legasthenie

Um es noch einmal zu betonen: Legasthenie kann auch aus einer Beschädigung des Gehirngewebes, einem pathologischen Zustand des Innenohrs oder, was wesentlich häufiger vorkommt, aus einer Kommunikationsstörung zwischen beiden Gehirnhälften resultieren. Aber fast immer beruht das Problem auf einer Kommunikationsstörung zwischen den Vorder- und Hinterhirnbereichen der dominanten Gehirnhälfte. Bei Vorliegen einer Negativen Emotionalen Ladung beendet die dominante Hemisphäre ihre volle, ausgeglichene Funktion zugunsten des physischen/emotionalen Überlebens. Das Ergebnis ist eine minimale Gehirnfunktion.

Der Modus operandi der Legasthenie befindet sich in der Allgemeinen Integrations-Zone (Common Integrative Area). Diese liegt in der dominanten Gehirnhälfte und besitzt die Kraft, sowohl die Funktionen des eigenen Vorderhirns als auch die Funktionen der anderen Gehirnhälfte zu hemmen. Da der Abschaltprozeß nur in der dominanten Gehirnhälfte stattfinden kann, ist es nur logisch, daraus zu schließen, daß legasthenische blinde Flecke in dieser Hälfte geschaffen und erhalten werden.

Das Verständnis für die Arbeitsweise der Gehirnhälften, sowohl individuell gesehen als auch in ihrer Zusammenarbeit, verleiht uns mehr Sicherheit beim Abbau der Negativen Emotionalen Ladung, die Legasthenie einschließt. Daher wollen wir, bevor wir fortfahren, einen Überblick über die Grundlagen der Gehirnfunktion geben.

Die dominante Gehirnhälfte

Die linke Gehirnhälfte ist generell die dominante. Aber es gibt auch Ausnahmen, daher kann der Ausdruck „links" nicht mit „dominant" gleichgesetzt werden. (In 90 % der Fälle liegt die dominante Gehirnhälfte der Hand gegenüber, mit der man schreibt.) Ihre Merkmale sind zwei Besonderheiten: Sprache/Gesprochenes und das Zentrum des selbstorientierten Glaubenssystems, die Allgemeine Integrations-Zone. Das Vorderhirn der dominanten Hälfte hat hauptsächlich mit dem Gegenwartsbewußtsein zu tun, während das Hinterhirn die Langzeiterinnerungen beherbergt, die uns unsere üblichen physischen/emotionalen Reaktionen aufgrund von vergangenen Erfahrungen vorgeben.

In der anatomischen Nomenklatur sind Vorder- und Hinterhirn durch die Vertikale Aurikularlinie (aurikular: vom Ohr oder zum Ohr gehörig) geteilt, die als an der Ohröffnung vertikal ausgerichtete Linie verläuft. (Vgl. Abb. 1)

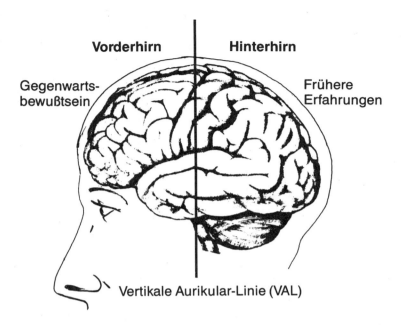

Abb. 1

Vor der Beschreibung der Aufgaben von Vorder- und Hinterhirn seien zwei neurologische Grundlagen herausgestellt:

1. Die entfernteste Verzweigung des Nervensystems kann das *gesamte* Nervensystem kontrollieren.
2. Die Gehirnfunktionen laufen auf einer *Alles oder Nichts*-Basis.

Die „entfernteste Verzweigung" bezieht sich auf den Teil der Großhirnrinde, der „Conscious Associational Thinking Area" (Zone für Bewußtes Assoziatives Denken, kurz ZBAD) genannt wird. Wir finden die ZBAD in den Stirnlappen beider Gehirnhälften. Sie verkörpert den auffälligsten Unterschied hinsichtlich der Zellproportionen zwischen Menschen und allen anderen Säugetieren. Nur der Mensch hat eine so hohe Zellkonzentration in diesem Bereich des Gehirns. Man kann also davon ausgehen, daß unser Verhalten durch die Funktion der ZBAD charakterisiert wird, insbesondere wenn man an die Fähigkeiten der ZBAD zur „Steuerung" der Gehirnaktivität denkt.

Die ZBAD kann jede „niedrige" neurologische Aktivität hemmen. Dies schließt Hinterhirnfunktionen, physische Bewegung, sogar Herzschlag und Atmung ein. Es gibt keine Körperfunktion, die nicht bewußt gesteuert werden kann, solange dieser Gehirnbereich die Kontrolle hat. Leider ist dies bei den meisten Erwachsenen in weniger als 5 % der Zeit der Fall. Die restlichen 95 % der Zeit hat die Allgemeine Integrations-Zone (kurz AIZ) der dominanten Gehirnhälfte die Führung. Warum?

Der Grund dafür ist emotionaler Streß. Unter Streßeinwirkung übernimmt die AIZ der dominanten Gehirnhälfte die totale Kontrolle, indem sie alle Gehirnbereiche abschaltet, die nicht unmittelbar mit physischem und emotionalem Überleben zu tun haben. Dadurch wird auch die ZBAD abgeschaltet, was dazu führt, daß alte Reaktionsmuster angewandt werden, von denen viele zu wünschen übriglassen. Da wir uns meistens in irgendeiner Form von Streß befinden, muß es als beängstigende Wahrheit hingenommen werden, *daß wir grundsätzlich in 95 % der Zeit weniger als ein Viertel unseres Gehirnpotentials gebrauchen.*

Die Funktionen der dominanten Gehirnhälfte sehen auf der Zeichnung in Bezug auf Vorder-/Hinterhirn-Zellproportionen ausgeglichen aus. Tatsächlich ist dem aber nicht so, solange wir dem Gehirn nicht dabei helfen. Statt dessen hält sich die Fähigkeit der ZBAD zu neuen Lösungen gegenüber dem konditionierten Glaubenssystem der AIZ dezent im Hintergrund.

Da dies die harte Realität ist, schauen wir uns zunächst einmal die Funktion des Hinterhirns an.

Das dominante Hinterhirn

Alles hinter der Vertikalen Aurikularen Linie (VAL) hat zu tun mit Erinnerung, Verarbeitung von aktuellen

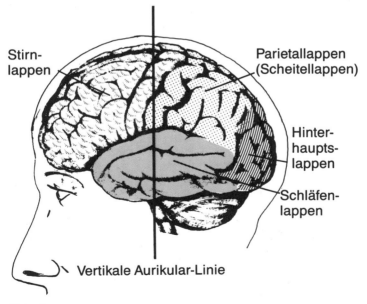

Abb. 2

Empfindungen und Muskelaktivität als Reaktion darauf. Emotionen sind Empfindungen, deren Intensität im jeweiligen Moment den Einfluß der Erfahrung auf die Erinnerung bestimmt. Generell lebt die Emotion im Schläfenlappen der dominanten Gehirnhälfte, während die Erinnerung an Emotionen je nach den damit verbundenen Empfindungen und Aktivitäten in den anderen Lappen beheimatet ist.

Der Hinterhauptslappen der dominanten Gehirnhälfte ist das Hauptverarbeitungszentrum für alles, was sowohl durch das physische wie auch durch das „innere" Auge wahrgenommen wird. Beide Wahrnehmungen werden als real und von gleicher Priorität akzeptiert.

Der Parietallappen der dominanten Gehirnhälfte ist für Wahrnehmungen zuständig, die vom/aus dem Körper kommen, daher auch die Bezeichnung „somästhetisch" (Körperempfindungen betreffend). Wichtige Großmuskelaktivität wird im Parietallappen und anliegenden Teilen des Stirnlappens ausgelöst.

Der kleine Teil des Stirnlappens, der sich hinter die VAL erstreckt, hat mit muskulärer Aktivierung von Füßen, Beinen, Rumpf und Schultern zu tun.

Die Allgemeine Integrations-Zone (AIZ)

Die AIZ sitzt zwischen den drei größeren empfindungsverarbeitenden Bereichen (visuell, auditiv und somästhetisch), die sich auf der hinteren Oberfläche des Schläfenlappens der dominanten Gehirnhälfte befinden (intensive Emotion). Außer visuellem, auditivem und

22

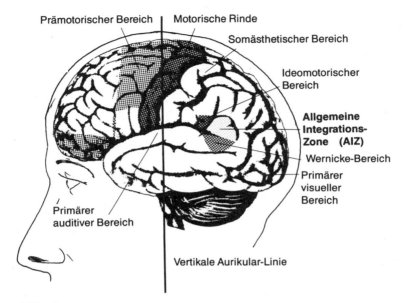

Abb. 3

somästhetischem Input nimmt die AIZ auch Signale direkt vom Thalamus und anderen grundlegenden Gehirnregionen auf. Ihre Aufgabe ist es, gespeicherte Erfahrungen mit aktuellen Empfindungen zu verbinden und daraus eine allgemeine Bedeutung festzulegen. Sobald diese allgemeine Bedeutung feststeht, wählt die AIZ aus früheren Überlebensmustern den „besten Weg" aus, um darauf zu reagieren.

Beispielsweise hört jemand zu Hause ein elektrisches „Plopp", sieht die Lichter ausgehen und riecht Rauch. Aufgrund einer einzelnen dieser Empfindungen könnte er kaum genau sagen, was geschehen ist, aber alle zusammengenommen geben ihm die Möglichkeit, auf Gefahr zu schließen. Die AIZ verbindet den gesamten Wahrnehmungs-Input, wiegt eine Wahrnehmung gegen

23

die andere auf und gelangt so zu weiterreichenden Schlußfolgerungen, als es eine der zuständigen Sinneszonen alleine könnte.

Sobald die AIZ zu einem Schluß gekommen ist, sendet sie entsprechende Signale in andere Bereiche des Gehirns, um erforderliche Reaktionen auszulösen. Die meisten der Signale gehen in den vor der AIZ liegenden ideomotorischen Bereich. Dieser hängt eng mit der AIZ zusammen, da er die ihren Kommandos entsprechenden Muskeln auswählt. Anders ausgedrückt übersetzt der ideomotorische Bereich Idee, Vorstellung oder Emotion in Aktion, d.h., in muskuläre Antwort. Dieser Bereich ist immer auf der Seite des Gehirns, auf der auch die AIZ sitzt, und kontrolliert trotzdem simultan die muskuläre Aktivität auf *beiden* Körperseiten.

Die AIZ ist unser Selbstbildzentrum, das Zentrum des *Egos* (Ich) und daher auch der Sitz unseres Glaubenssystems und unseres Selbstvertrauens. Sie ist also ein „Ich"-Computer; und wie mit allen Computern, findet auch hier die GIGO-Regel ihre Anwendung. (GIGO steht in der Computer-Fachsprache für Garbage In/Garbage Out und bedeutet frei übersetzt soviel wie Müll rein/Müll raus.) Was wir als Wahrheit ansehen, ist das ROM des AIZ-Computers. Ob diese Wahrheit gültig, nützlich oder selbstzerstörerisch ist, macht keinen Unterschied, da die AIZ nichts anderes kann, als vergangene Erfahrungen, die für das unmittelbare Überleben der Persönlichkeit in der selbst angenommenen Form nötig sind, erneut anzuwenden.

Die AIZ-gespeicherten Erinnerungen sind selektiv. Sie vertreten die Informationen, die eine Person glauben möchte, und unterdrücken die Erinnerungen, die schmerzhaft sind. Dies geschieht nach demselben Prinzip, wie ein Film zusammengeschnitten wird: „die Realität" wird aus Einzelteilen zusammengesetzt, um in eine vorgegebene Form zu passen. Die Erinnerung der dominanten Gehirnhälfte ist wie eine zusammengeschnittene Halbstundenversion von „Vom Winde verweht", durchzogen von Lücken, blinden Flecken und Mutmaßungen, zugeschnitten auf die eigene Vorstellung von „Realität".

Kaum verwunderlich also, daß die dominante Gehirnhälfte analytisch funktionieren muß, Einzelheiten untersuchend, um sie, basierend auf vergangener Programmierung, zu verstehen. Kaum verwunderlich, daß die dominante Gehirnhälfte parteiisch ist! Sie reflektiert alle konditionierten Legasthenien, die mit dem lebenslangen Lernprozeß verbunden sind. Und die Emotionen, die Legasthenien ins Bewußtsein einätzen, sind natürlich Angst, Schmerz oder Angst vor Schmerz. Dies bedeutet, daß die primären Motivatoren der dominanten Gehirnhälfte negative emotionale Zustände sind, die von ihrer Natur her eine Beschränkung, häufig auch eine völlige Unterdrückung des Wunsches nach sinnvoller Selbstverbesserung bedeuten. Aber das muß nicht so sein!

Die AIZ kennt zwar auch die positiven Ereignisse, die wir geschaffen haben. Aber die Priorität für die AIZ ist Überleben und damit all das, was uns vor Angst, Schmerz oder Angst vor Schmerz schützt. Daher sieht die AIZ jede Veränderung als Bedrohung an und tut ihr Bestes, um Veränderungen, die das Glaubenssystem umstellen würden, abzublocken, sogar wenn solche Veränderungen zu unserem Besten wären!

Die Sprachzentren

Sprache, die andere einzigartige Funktion der dominanten Gehirnhälfte, ist an zwei Orten untergebracht. Das Sprachverständnis ist im Wernicke-Bereich des Schläfenlappens konzentriert. Dieser ist neben der AIZ lokalisiert woraus man folgern kann, daß unser Verständnis davon abhängt, wie wir über das, was wir hören, fühlen. Die Bildung von Sprache sitzt dagegen im Broca-Bereich des Stirnlappens, unterhalb der ZBAD. Dies läßt den Schluß zu, daß wir, jedenfalls bis zu einem gewissen Grad, frei von der emotionalen Programmierung der AIZ sprechen können, solange wir nicht unter Streß sind.

Klinisch gesprochen führt eine krankhafte Veränderung im Broca- oder Wernicke-Sprachzentrum zu Sprachstörungen, wobei jedoch die Symptome bei Störungen der beiden Bereiche unterschiedlich sind. Diese Unterschiede hängen ab von der Art der Gehirnlappen, in denen die Zentren sitzen.

Das Broca-Sprachzentrum ist im Stirnlappen der dominanten Gehirnhälfte, nahe der ZBAD, und kontrolliert die muskuläre Produktion der Sprache. Bei einer pathologischen Störung dieses Bereiches wird die Sprache schwerfällig und langsam, mit schlechter Artikulation. Fragen werden zwar meist sinnvoll beantwortet, sind aber nicht ausformuliert oder gar grammatikalisch richtig. Zum Beispiel: Ein Patient wird über einen Zahnarzttermin befragt und sagt zögernd und unbestimmt: „Ja... Montag... Papa und Richard... Mittwoch 9 Uhr... 10 Uhr... Ärzte... und Zähne." Die gleiche Art von Fehlern tritt auch in der Schrift auf.

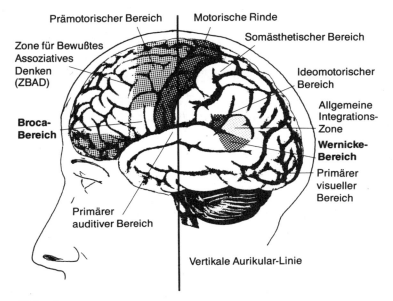

Abb. 4

Der Wernicke-Bereich hingegen ist auf dem Schläfenlappen mit einer direkten Verbindung zur AIZ angesiedelt. Er ist zuständig für Sprachverständnis. Bei einer Störung dieses Bereiches bleibt die Sprache der Person phonetisch und sogar grammatikalisch normal, Worte werden allerdings willkürlich aneinandergereiht. Ein Bild, auf dem zwei Jungen Kekse hinter dem Rücken einer Frau stehlen, wurde von einem derart Erkrankten wie folgt beschrieben: „Mutter ist hier fort arbeitet ihre Arbeit um besser zu werden, aber wenn sie hinschaut die zwei Jungen, nehmen den anderen Teil. Sie arbeitet zu einer anderen Zeit."

Der Wernicke-Bereich ist auch hinsichtlich der Schrift und der „gehörten" Worte sehr wichtig. Kein Wunder, schließlich bedeutet ein Wort zu sehen, es auch im Geiste auszusprechen, ebenso wie ein gehörtes Wort entsprechend der Art der emotionalen Erfahrung und des Glaubenssystems auch gesehen und gefühlt wird. Das gleiche trifft auch auf das Schreiben von Worten zu. Neurologisch gesehen gelangt beim Hören eines Wortes das akustische Signal zuerst zur primären auditiven Großhirnrinde, muß jedoch, um als verbale Botschaft verstanden zu werden, durch die anliegende Wernicke-Region. Wird ein Wort gelesen, so wird zunächst sein visuelles Muster von der primären visuellen Großhirnrinde aufgenommen und dann zur AIZ übermittelt, die es sofort mit seiner auditiven Form im Wernicke-Bereich verbindet.

Die Möglichkeiten für traumageladene Kurzschlüsse, für blinde Flecke, die in den beschriebenen Prozessen auftauchen können, sind unendlich. Und dies sind nur kleine Fische, verglichen mit dem, was bei der Handschrift alles beteiligt ist. Bei dem Gedanken an die unglaublich vielen Schritte in diesem Vorgang verwundert es nicht, daß viele Leute äußerst ungern mit ihrem Namen unterschreiben. Zunächst wird das Wort so, wie Sie sich sein Erscheinungsbild *wünschen*, separat wahrgenommen, und dann nochmals das Wort, das Sie sehen, wie es geschrieben wird. Außerdem müssen die zahlreichen beteiligten muskulären Aktivitäten mit dem geistigen Klang, dem Sehen, dem Fühlen, mit den körperlichen Empfindungen, die damit zu tun haben, was das Wort in unserem Glaubenssystem bedeutet, und mit der Erinnerung daran, wie Sie sich beim Lernen der Buchstaben dieses Wortes gefühlt haben, koordiniert werden – und das ist nur die Spitze des Eisberges. Pathologische Schäden im Broca- oder Wernicke-

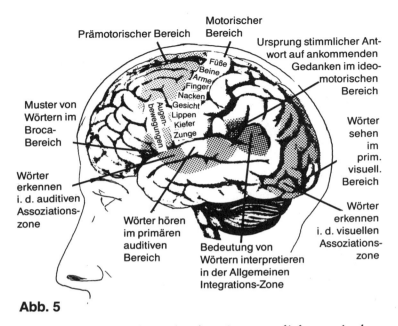

Abb. 5

Bereich sind verschwindend gering, verglichen mit der Masse von Menschen, die legasthenische Störungen haben. Aber etwas zwingt die Leute, undeutlich zu sprechen (Broca'sches Trauma) oder zusammenhanglos zu reden (Wernicke-Trauma), und dieses Etwas ist ein emotionales Trauma.

Denken Sie daran, daß wir keine dominante Gehirnhälfte ausbilden bis zu dem Moment, wo wir sprechen lernen. Vor dieser Zeit sind beide Gehirnhälften in ihrer Funktion gleichberechtigt, jede macht ihre eigene Arbeit und unterstützt die andere, sofern es die Situation erfordert. Mit dem Erlernen der Sprache kommt auch das Bewußtsein für Vergleiche: gut/schlecht, sollte/sollte nicht, ich bin/ich bin nicht, Belohnungen/Bestrafungen usw. Sprache bringt Definitionen mit sich; Definitionen bringen Beschränkungen. Sprache betont die Erfahrung der Sinne und verleugnet damit die multidimensionale Wahrnehmung; sie zwingt uns Kategorien auf anstelle von Konzeptionen und läßt uns Ausschnitte erkennen anstelle von vollständiger Wahrnehmung.

Das dominante Vorderhirn

Wie in Abb. 6 ersichtlich, besteht das Vorderhirn (vor der VAL) hauptsächlich aus dem Stirnlappen, mit etwas Schläfen- und sehr wenig Parietallappen. Die Aktivierung der Muskulatur von Gesicht, Lippen, Kiefer und Zunge findet vor der VAL statt. Aber der wichtigste Bereich des Stirnlappens, der mit muskulärer Aktivität zu tun hat, ist die prämotorische Region, und ihre Aufgabe ist ausschließlich die Augenbewegung.

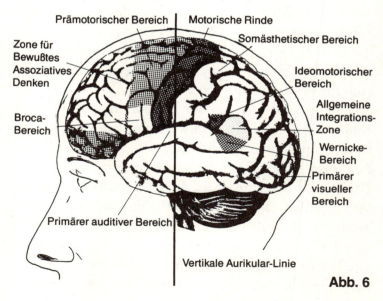

Abb. 6

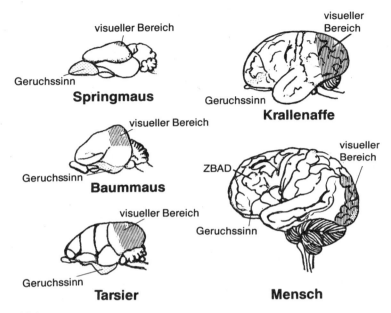

Abb. 7

Die relative Masse der Zellen, die einer bestimmten Gehirnfunktion zugeordnet sind, ist proportional zur Wichtigkeit dieser Funktion für die Natur der entsprechenden Lebensform.

Beispielsweise sind bei Tieren, die durch ihren Geruchssinn überleben, die Riechzonen des Gehirns extrem groß ausgebildet; beim Menschen sind sie vergleichsweise klein, im Verhältnis zur Proportion des gesamten Gehirns. Ein weiteres Beispiel: Das primäre Sehzentrum ist bei Krallenaffen, die – wenn man sie anschaut – fast nur aus Augen zu bestehen scheinen, enorm groß im Vergleich zum Menschen. (Anmerkung: Die relative Größe eines äußeren Sinnesorganes läßt also auf die grundlegende Verteilung der Gehirnproportionen für diese Kreatur schließen.)

Da bei uns Menschen ein so großer Teil des Gehirns den Augenbewegungen zugeordnet ist, ist es kaum verwunderlich, daß für unser Verständnis von großer Wichtigkeit ist, „wie wir das sehen, was wir sehen" . Wenn es zu einer Fehlkommunikation (= Kurzschluß) zwischen den Zonen für die visuelle Verarbeitung und den visuellen Erinnerungen (Hinterhirn) kommt, funktionieren wir ungenügend, sprich legasthenisch.

Eine Bemerkung über das Sehen

Wenn Ihr Kopf absolut starr wäre und Ihre Augenbewegungen vollkommen aufhören würden, würde alles um Sie herum verschwimmen, und Sie würden nichts mehr sehen. Die Augen funktionieren durch Stimulation, und diese erfolgt durch Bewegung.

Sehen ist abhängig von Impulsen, die entlang den optischen Nerven zu visuellen Analysezellen geleitet werden, die im Sehzentrum des Hinterhirns sitzen. Um diese herum liegen andere Zellen, die das, was gesehen wird, zu bedeutungsvollen visuellen Mustern organisieren. Als letzte Stufe dieser Hierarchie werden die ersten beiden Zellgruppen von einer dritten umgeben. Diese dritte Gruppe ist verantwortlich für die Koordination dessen, was wir sehen, mit dem, was wir hören, zu einer einzigen Wahrnehmung. Sollte dieser Vorgang durch ein Trauma unterbrochen werden, schließt sich das System kurz, es entsteht ein blinder Fleck gegenüber dem, was gesehen wird. Durch Wiederholung verstärkt, wird dieser blinde Fleck zu legasthenischer visueller Wahrnehmung.

Die Aktivität der Schläfenlappen des Vorderhirns schließt auch das Hörzentrum und das entsprechende auditive Erinnerungszentrum ein. Die symbolische Bedeutung dieses Standortes gibt Anlaß zu Spekulationen, zum Beispiel daß das, was wir hören, mehr verbunden ist mit dem, was wir denken, und das, was wir sehen, mehr mit dem, was wir fühlen. (Eine klassische Aussage dazu wäre: „Ich kann mich selbst nicht denken hören.")

Das Sprachbildungszentrum (Broca-Bereich) sitzt, wie schon erwähnt, im Stirnlappen. Wir erwähnen es hier noch einmal, um die symbolische Bedeutung dieses Ortes zu unterstreichen. Als Menschen steht uns eine Auswahl von zwei verschiedenen verbalen Aktivitäten zur Verfügung: Reflexartige emotionale Reaktion oder bewußt durchdachte Antwort. Die eine ist eine gedankenlose Hinterhirn-Wiederholung von alten Tonbändern, die andere antwortet in der Gegenwart in durchdachtem Ausdruck.

Der untere Teil des Stirnlappens hat eine Gemeinsamkeit mit den Gehirnen von „niederen" Säugetieren, jedoch weist die Zellmasse zwischen prämotorischen und unteren Bereichen eindeutig auf eine menschliche Struktur hin. Dieser vergleichsweise riesige Teil des Vorderhirns beherbergt die Einzigartigkeit des Menschen.

33

Die Zone für Bewußtes Assoziatives Denken (ZBAD)

Die ZBAD ist im Vorderhirn, was die AIZ im Hinterhirn ist – die Essenz seines Charakters und seiner Funktion. Hier findet alles Neue statt, neue Möglichkeiten, neue Alternativen. Außerdem hat die ZBAD gleichzeitig mit dem für sie typischen Hier-und-Jetzt-Bewußtsein auch noch Kurzzeitgedächtnisfunktionen.

Kurzzeitig deshalb, weil ZBAD-Erinnerungen sich auf erstmalige oder einmalige Wahrnehmungen beziehen. Damit solche Wahrnehmungen in den Datenbanken des Hinterhirns registriert werden, müssen sie bewußt viele Male wiederholt werden, oder sie müssen so intensiv sein, daß eine einzige Erfahrung zur unauslöschbaren Erinnerung wird.

Gehirnvermesser haben eine Vorstellung von der Größe jedes Gehirnteils außer der der ZBAD. Obwohl die beschriebenen generellen Funktionen diesem Gehirnteil zugeordnet werden, zeigt die ZBAD, im Test künstlich stimuliert, nur eine einzige Reaktion: Licht, nur Licht. Dies erklärt auch Redensarten wie „mir geht ein Licht auf" oder „helles Köpfchen". Genau das passiert, wenn die ZBAD Kontrolle über unsere geistigen Vorgänge hat – wir sehen „das Licht", und „im Licht" dieser Wahrnehmungen kann sich alles ändern. Wichtiger noch: dieser Teil des Gehirns kann jede andere Körper- oder Gehirnfunktion hemmen. Wie Neurologen sagen: „Die entfernteste Verzweigung des Nervensystems kontrolliert das Nervensystem". Die ZBAD ist diese „entfernteste Verzweigung".

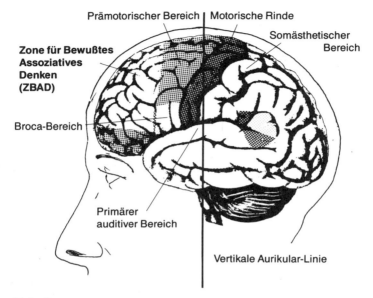

Abb. 8

Wenn wir die ZBAD benutzen, können wir fast alles tun, da sie in ihrer Funktion durch Emotionen nicht beeinflußt wird. Wenn die ZBAD der Haupteinflußfaktor ist, erscheint uns alle vergangene und/oder aktuelle Emotion als relativ unwichtig. Wir sind in der Gegenwart und erfahren die Realität, wie sie ist. Mehr noch, die ZBAD hat, wie die nicht dominante Gehirnhälfte, keinen Sinn für Zeit, Beschränkung oder Beurteilung. Offenbar könnten wir wunderbar funktionieren, wenn wir ständig die ZBAD gebrauchen würden. Leider schalten wir nur sehr selten das Vorderhirn ein, außer für den Vorgang des Sprechens. (Das Sprachaktivierungszentrum ist auch Teil des Vorderhirns, unterhalb der prämotorischen Zone.) Die ZBAD, die die Fähigkeit zur Hemmung, Veränderung und bewußten Entscheidung hat, wird durch emotionalen Streß kurzgeschlossen.

Wenn Streß im System präsent ist, wenn die Streßhormone durch unseren Körper fließen, dann kommt die ZBAD einfach nicht durch. Wir sind im reinen Überlebensmodus und funktionieren nur aus dem Hinterhirn heraus. Streß ist wie eine selbstproduzierte Lobotomie, er trennt uns von unserem Bewußtsein für die Gegenwart, von Wahlmöglichkeiten, Alternativen und der Macht zur Selbststeuerung.

Um den letzten Nagel in den Sarg der Selbstbestimmung zu schlagen, denken Sie daran, daß die ZBAD im Bewußtsein in weniger als 5 % der Zeit vorherrscht, obwohl wir sie zu 100 % benutzen könnten. Wenn wir ständig eine gute Verbindung zur ZBAD der dominanten Gehirnhälfte hätten, wäre unser Leben ganz anders. Negative Emotionen würden fehlen, da die ZBAD automatisch den Einfluß der AIZ ausschaltet und eine ruhige, emotionsfreie Bestandsaufnahme im Sinne von neuen Möglichkeiten und Alternativen erlaubt.

Wie können wir die ZBAD aktivieren?

Der Vorgang des Ausgleichs von Vorder-/Hinterhirn-Aktivität hat nur eine grundsätzliche Regel. Um die entfernteste Verzweigung des Nervensystems zu aktivieren, müssen wir uns für die Entscheidung entscheiden. Dies ist keine metaphysische Aussage, sondern neurologische Realität. Die Entscheidung für die

Entscheidung ist notwendig, um die Vorherrschaft der AIZ zu umgehen. Nur wenn wir diese Wahl treffen, wird die Neuro-Dominanz von der AIZ auf die ZBAD übergehen. Andernfalls beherrscht die AIZ alle geistigen Vorgänge.

Wann immer wir daran denken, sind wir in der Lage, diese Wahl zu treffen. Noch bemerkenswerter ist, wie selten wir daran denken! Und unter Streß vergessen wir diese Möglichkeit vollkommen.

Die Streßabbauanleitungen in *ONE BRAIN* helfen dabei, dieses Vermögen wieder zu erlangen. *Tatsächlich ist der Zweck dieses Buches, den Menschen wieder die Möglichkeit zu geben, Vorder- und Hinterhirn der dominanten Gehirnhälfte zu re-integrieren, so daß bewußte, die Vergangenheit verändernde Entscheidungen getroffen werden können, mit dem Ziel, eine erwünschte Zukunft zu schaffen.*

Das Erfreuliche an dieser Arbeit ist, daß man dabei zusehen kann, wie ein Mensch seine Fähigkeit zur Entscheidung wiederentdeckt und positive Veränderungen vollzieht, nicht nur bei sogenannten Lernstörungen, sondern in allen Lebensbereichen. Und genau das passiert, wenn wir vergangene Stressoren entschärfen, die uns gegenüber dem, was wir wirklich erreichen können, blind machen.

Sich fürs Entscheiden zu entscheiden heißt für die dominante Gehirnhälfte, als Ganzes zu funktionieren. Mit eingeschalteter ZBAD übernimmt „die entfernteste Verzweigung des Nervensystems" die Steuerung. Damit wird der bewußte Denkprozeß nicht mehr von negativen Emotionen beeinflußt, und die Tür zu neuen

37

Möglichkeiten öffnet sich. Außerdem kommen die Botschaften der nicht dominanten Gehirnhälfte wesentlich klarer ins Bewußtsein, wenn die ZBAD das Kommando hat.

Dies führt uns zu einem kurzen Überblick mit Basisinformationen über:

Dominante und nicht-dominante Gehirnfunktion

Verbunden durch das Corpus callosum, ein kompliziertes Nervenfaserbündel, bilden die beiden Gehirnhälften die Gesamtheit der menschlichen Individualität. Wir erinnern uns, daß bei der Geburt keine der Gehirnhälften dominant ist. Statt dessen arbeiten sie gemeinsam, um die Wahrnehmung zu erleichtern und auf das Leben zu reagieren. Abb. 9 faßt die individuellen Funktionen von dominanter und nicht-dominanter Gehirnhälfte zusammen, wie sie in der frühen Kindheit gebildet werden.

Beim Kleinkind entwickelt ein komplexes System von Schaltungen die Fähigkeit, Informationen zu synchronisieren und zu integrieren, so daß beide Gehirnhälften in Harmonie und Koordination arbeiten können. Erinnerungen werden doppelt gespeichert: das gewaltige Kommunikationssystem des Corpus callosum erstellt sogar in ungewöhnlichen Situationen automatisch identische Gedächtnismuster, die nur die Dienste einer einzelnen Gehirnhälfte erfordern würden, in beiden

38

Gehirnhälften. Dieses Kopieren von Erinnerungen von einer Gehirnhälfte auf die andere geschieht nur zu der Zeit, in der die Erfahrung tatsächlich stattfindet.

Eine Gehirnhälfte kann für die andere übernehmen und kann gleichzeitig auf ihrer eigenen Seite operieren, um Aufgaben zu erfüllen, die keine bewußte Kontrolle erfordern. Werden beispielsweise die Sprachzentren der dominanten Gehirnhälfte zum Sprechen aktiviert, so kümmert sich die nicht dominante Gehirnhälfte um die entsprechende Gestik.

Generell kann man sagen, daß beide Seiten des Gehirns desto mehr in den Vorgang einbezogen werden müssen, je komplexer oder ungewöhnlicher die Aufgabe ist, bis eine Gewöhnung an das Material eingetreten ist und dieses von der linken Gehirnhälfte übernommen wird.

Beispiel: Musikalisch unerfahrene Hörer erkennen Melodien besser mit ihrem linken Ohr (rechte Gehirnhälfte), Konzertmusiker in der Regel besser mit dem rechten Ohr (linke Gehirnhälfte).

Nachdem die Dominanz im Gehirn festgelegt wurde, verschwindet die Gleichheit der Gehirnhälften. *Die dominante Gehirnhälfte* nimmt ihre AIZ-Charakteristika an mit dem Resultat, daß sie mit Einzelheiten aufgefüllt wird und im Falle der Beschädigung oder des Kurzschlusses die Person nur noch mit lückenhafter und unvollständiger verbaler und schriftlicher Ausdrucksfähigkeit zurückläßt. Diese Gehirnhälfte schaltet

39

sich ein, sobald wir Informationen, die Struktur und Zeiteinteilung haben, computerartig verarbeiten müssen.

Mit der Anstrengung der AIZ, Einzelheiten zu verstehen, wird die dominante Gehirnhälfte in ihrer Operationsweise analytisch und linear. Natürlich ist sie zeitorientiert, zumal sie mit Beschränkung und Vermeidung von Angst, Schmerz und/oder Angst vor Schmerz zu tun hat. Dieses Vermeidungssyndrom macht die dominante Gehirnhälfte extrem parteiisch. Das konditionierte Glaubenssystem hat stets das letzte willkürliche Wort in den Entscheidungen, wobei seine Grundlage das Überleben ist. Es denkt, fühlt, drückt sich in verbaler Sprache aus und verleugnet somit die Existenz jeglicher anderer Formen des Ausdrucks.

Die nicht-dominante Gehirnhälfte (meistens die rechte) ist für visuelles Erinnerungsvermögen, räumliche Orientierung, künstlerische Fähigkeiten, Rhythmus und Körperbewußtsein verantwortlich. Sie wird eingeschaltet, wenn wir Informationen als Ganzes, also simultan und nicht linear verarbeiten müssen. Interessanterweise weiß sie, was Angst, Schmerz und Angst vor Schmerz sind, reagiert darauf jedoch kategorisch und nicht wie auf Emotionen. Daher ist die nicht-dominante Gehirnhälfte unparteiisch, hat kein Gefühl für Zeit oder Beschränkung und funktioniert am besten in Stille oder bei Musik, da keine Sprachzentren vorhanden sind. Ihre „Sprache" besteht aus Farbe, Bildern und Symbolen.

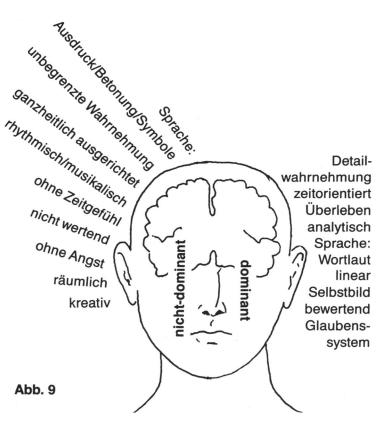

Abb. 9

Zur Funktion der rechten Gehirnhälfte führt Dr. Jerry Levy, ein anerkannter Gehirnforscher an der Universität Chicago, folgendes aus: „Die Wahrnehmung dieser Gehirnhälfte ist ganzheitlich und erfordert nicht die Zerlegung von Dingen in ihre Einzelteile. Wir erkennen ein Gesicht sofort, aber nur sehr wenige Leute, mit Ausnahme von Schriftstellern, sind in der Lage, verbal zu beschreiben, wie „jemand aussieht". Dementsprechend haben Patienten mit beschädigten oder kurzgeschlossenen rechten Gehirnhälften große Schwierigkeiten beim Erkennen von Gesichtern, manchmal selbst ihrer eigenen, obwohl sie der Sprache durchaus mächtig sind."

Der neurologische Überkreuzfluß

Die rechte Gehirnhälfte kontrolliert das linke Auge, das linke Ohr und die Kontraktion der Muskeln der linken Körperseite. Die linke Gehirnhälfte kontrolliert das rechte Auge, das rechte Ohr und die Kontraktion der Muskeln auf der rechten Körperseite. Genau umgekehrt ist es bei Muskeln in extendierter Position.

Wie schon erwähnt, sind die Gehirnhälften des Neugeborenen noch gleichberechtigt. Erst wenn wir sprechen, schreiben und lesen lernen, etabliert sich die AIZ, und eine Gehirnhälfte wird dominant. Der neurologische Fluß der dominanten Gehirnhälfte kontrolliert das gegenüberliegende Auge, die gegenüberliegende Hand, Seite des Gesichts und des Körpers. Der Fluß der nichtdominanten Gehirnhälfte kontrolliert das andere Auge, die andere Hand, Seite des Gesichts und des Körpers. Trotzdem werden die von beiden Augen aufgenommenen Bilder an beide Gehirnhälften weitergeleitet.

Diese visuellen Überkreuzmuster sind lebenswichtig für ausgeglichenes inneres Funktionieren.

Jedoch wird manchem von uns ein gleichseitiges Flußmuster auf Grund von Traumata wie Unfällen und/oder Wechsel von Links- zu Rechtshändigkeit während der Zeit des Erlernens von Lesen und Schreiben aufgezwungen – dominante rechte Gehirnhälfte, dominantes rechtes Auge, dominante rechte Hand usw. Ein gleichseitiger Fluß von Nervenimpulsen verwirrt das System, zwingt die beiden Gehirnhälften zu doppelter Leistung und wird so zu einem unbewußten Stressor im

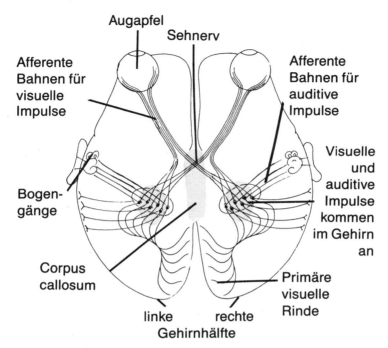

Abb. 10

System. Etwa 15 % der Bevölkerung weisen eine „gemischte Dominanz" in Verbindung mit legasthenischen Störungen auf. Identifikation und Abbau dieses Zustandes kann ein sehr wichtiger Schritt auf dem Weg zu einer integrierten Gehirnfunktion sein.

Übersicht: Vorteile der nicht-dominanten Gehirnhälfte

Die nicht-dominante Gehirnhälfte ist unser „unparteiischer Zeuge", sie ist urteilsfrei, nicht durch Angst programmiert und hat keine Sprachzentren. Ihre Sprache sind Bilder, Rhythmus, Melodie, Harmonie und Farbe.

Noch einmal: die nicht-dominante Gehirnhälfte hat keine Sprachzentren, die der dominanten ähnlich wären. Sie „spricht eine völlig andere Sprache", und dies gewöhnlich in Ruhe oder in rhythmischer Bewegung, wie beim Tanz oder beim Summen oder Singen von Melodien. Da die nicht-dominante Gehirnhälfte keine AIZ besitzt, ist ihre Erinnerung außerdem vollständig, ungekürzt, und steht ständig zur Verfügung.

Die „Wahrheit" jeder Erinnerung ist in der nicht-dominanten Gehirnhälfte zu finden. Hier wird alles so, wie es ist, und nicht nach der Beurteilung durch das Glaubenssystem, aufgezeichnet. Das meinen wir mit dem Ausdruck „unparteiischer Zeuge". Das Gedächtnis der nicht-dominanten Gehirnhälfte beinhaltet, was wirklich passierte, nicht, was wir davon hielten (was eher auf die Art der Erinnerungen aus der AIZ zutreffen würde).

Die nicht-dominante Gehirnhälfte *sieht* auch *anders*. Während sich die dominante Gehirnhälfte auf Einzelheiten konzentriert, sieht die nicht-dominante das Ganze, daher sind ihre Erinnerungen wertfrei und nicht durch Glaubenssysteme gefärbt. Die nicht-dominante sieht, akzeptiert und zeichnet die Sichtweisen aller Teilnehmer einer Erfahrung auf. Wenn also ein Ereignis über die nicht-dominante Gehirnhälfte wieder abgerufen wird, wird auch bewußt, wie sich die anderen Beteiligten gefühlt haben, da Ausdrucksweise, Körpersprache, Stil und Struktur gesehen werden, wie sie waren. Dominante (AIZ-) Erinnerungen beinhalten dagegen nur den eigenen Blickwinkel. Die Zeichen der Widersacher werden bewußt übersehen.

Wenn man bedenkt, daß die nicht-dominante Gehirnhälfte in der Lage ist, alle Körperfunktionen, alle muskulären Aktivitäten zu integrieren und organische Aktivitäten wie Herzschlag, Atmung usw. zu überwachen, beginnt man zu erkennen, welche Möglichkeiten offen stehen, wenn wir diese Gehirnhälfte bewußt zum Zuge kommen lassen.

Sobald die dominante ZBAD die Kontrolle übernimmt, wird all dies sofort möglich.

Dieses Wissen sollte uns alle dazu inspirieren, Wege zu finden, um so oft wie möglich vorderhirndominant zu sein, insbesondere unter Streßeinwirkung.

Legasthenie und die dominante Gehirnhälfte

Die AIZ soll hier natürlich nicht als „böser Bube" abgestempelt werden. Immerhin hat sie uns geholfen, in einer Welt von beträchtlichem Leid, Schmerz und Angst zu überleben. Auch die dominante Gehirnhälfte soll nicht abgewertet werden, – schließlich steht die ZBAD der dominanten Gehirnhälfte stets für neue

Möglichkeiten zur Verfügung! Darüber hinaus kann die ZBAD, wenn wir uns für Entscheidungen entscheiden, die Wahrnehmung der AIZ prüfen und bereinigen.

Leider sagte uns niemand, als Streß uns wie kleine Kinder übermannte, wie damit fertig zu werden ist. Niemand klärte uns auf, wie das Nervensystem arbeitet und wie wir es besser arbeiten lassen können. Wie hätten wir wissen sollen, daß emotionaler Streß das System kurzschließt und sich die bewußten Gehirnfunktionen auf die hintere Hälfte der dominanten Hälfte beschränken. Wenn wir gewußt hätten, daß das „Überleben" des Hinterhirns Selbstmord für das gesamte Gehirn bedeuten kann, hätten wir etwas dagegen tun können.

Da wir nicht wußten, daß wir in diesem Moment die *Wahl* hatten, gestatteten wir Angst, Schmerz und/oder Angst vor Schmerz, uns unsere Freiheit zu verweigern. Diese emotionsgeladenen Verweigerungen der AIZ führten zu den blinden Flecken, die wir Legasthenie nennen.

Wie überflüssig, da doch, wenn die ZBAD der dominanten Gehirnhälfte das Zentrum der Gehirnaktivität ist, die AIZ aufhört, angstbegründete Erinnerungen aufzurufen und sich statt dessen auf positive Erinnerungen umstellt. Ja, sobald wir auf „vorderhirndominant" umschalten, funktionieren wir ohne die angstbegründeten Beschränkungen aus vergangenen Erfahrungen und profitieren statt dessen von den positiven, erfolgreichen, produktiven Erfahrungen, die in den Datenbanken beider Gehirnhälften gespeichert sind. Die Vorherrschaft des Vorderhirns erlaubt der nicht-dominanten Gehirnhälfte, gleichberechtigt zu funktionieren.

Soweit die schlechte Nachricht darüber, wie sich legasthenische Störungen einschleichen. Die gute Nachricht ist die, daß diese streßgeladenen emotionalen Traumata entschärft werden können. Der Abbau von Streß setzt voraus, ihn zu erkennen, seine Ursache zu identifizieren und einzugestehen, auf welche Art er uns beeinflußt hat. Gleichzeitig sind dies die ersten und wichtigsten Schritte auf dem Weg zum Abbau der Legasthenie. Das Erkennen und Wissen um ein Problem ist der halbe Wege zur Lösung.

Kapitel 2

Streß bedeutet verminderte geistige Kapazität

Wir beschreiben hier den Vorgang, wie aus bewußtem (und/oder unbewußtem) Streß verminderte Kapazität resultiert. Wenn das physische, geistige, emotionale oder spirituelle Gleichgewicht gestört wird, setzt der Körper Streßhormone in die Blutbahn frei. Diese Substanzen führen zum Zusammenziehen der äußeren Kapillaren, die Blutversorgung wird auf den Brustkorb und die langen Muskeln des Körpers konzentriert, die bei „Kampf oder Flucht" angesprochen wären.

Prinzipiell findet dieser Prozeß auch im Gehirn statt. Die äußeren Kapillaren ziehen sich zusammen, die Blutversorgung konzentriert sich auf die Teile des Gehirns, die mit physischem Überleben zu tun haben. Das Gefühl von Dumpfheit, das bei einem Schock oder bei physischem Streß erlebt wird, bedeutet, daß der Körper, um zu überleben, unempfindlich geworden ist. Leider geht damit einher auch die Unfähigkeit zum klaren Denken. Das Vorderhirn (ZBAD) wird abgeschaltet und das Hinterhirn (AIZ) bestimmt.

Der Mensch glaubt zwar, noch die bewußte Kontrolle über sich zu haben, nur weil er bei Bewußtsein ist. Aber dem ist nicht so. Unter Streß werden erlernte Reaktionen, die auf negativen Emotionen beruhen, reproduziert. Sind einige dieser erlernten Reaktionen legasthenisch, so erhöhen sich die Beschränkungen unter Streß drastisch. Versuchen Sie einmal, unter Streß zu lesen, indem Sie sich noch „mehr anstrengen", und schauen Sie, wie das funktioniert! Der schlechteste Weg, mit einem Stressor fertigzuwerden, ist, seine Existenz und/oder seinen Einfluß zu leugnen. Durch Leugnen der negativen emotionalen Ladung eines Stressors wird seine Kraft vervielfacht.

Die Anzeichen für Streß

Die Streßgrade des Körpers sind deutlich sichtbar. Ein Spiegel genügt, um sie an sich selbst abzulesen, bei jemand anderem reicht das bloße Anschauen. Die Augen sagen alles.

Streß ersten Grades

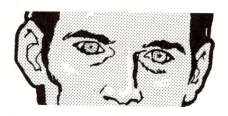

Abb. 11

In einem Moment des Schocks oder bei Müdigkeit hat die Rücknahme von Blut aus den äußeren Körperschichten zur Folge, daß sich die Poren schließen und der in ihnen enthaltene Talg austritt. Außerdem schließen sich die Tränendrüsen, die Augen werden trocken. Trockene starre Augen und glänzende Haut bilden den Gesamteindruck. Später, wenn Fett und Feuchtigkeit verdunstet sind, verschwindet der glänzende Film auf der Haut, die Augen werden stumpf, die Augenlider senken sich, um die trockene Augenoberfläche zu schützen. In diesem Zustand ist unser Geist so stumpf wie unsere Augen, unsere geistige Schärfe gleich Null.

Streß zweiten Grades

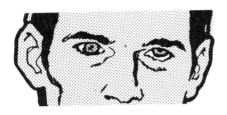

Abb. 12

Mehrere Stunden anhaltender Streß beeinträchtigt die räumliche Wahrnehmung. In Abhängigkeit von unseren mütterlichen und väterlichen Erbanlagen hat eine unserer Körperseiten eine empfindlichere Struktur als die andere. Dies trifft insbesondere auf die empfindlichen Muskeln zu, die die Augen bewegen. Wenn sich die Streßhormone weiterhin im Körper befinden, ziehen sich die empfindlicher veranlagten Augenmuskeln zusammen und beginnen, den Augapfel nach oben zu drehen. Dies beeinträchtigt zeitweilig die räumliche Wahrnehmung, da ein Auge jetzt von seinem gewohnten Blickwinkel abweicht und sich das Gehirn erst umstellen muß. Bis es das tut, ist die Wahrnehmung ungenau und die Anfälligkeit für Unfälle größer. (Der Fachausdruck für diese Bewegung ist „vertikaler Strabismus"; die Tendenz zur Bewegung des Augapfels von innen nach außen und umgekehrt wird „lateraler Strabismus" genannt.) Ist unter einer Iris mehr Weiß als unter der anderen zu sehen, handelt es sich um Streß zweiten Grades.

Das aus dem Lot geratene Auge verrät viel über die Art des vorhandenen Stresses. Wenn das Auge der dominanten Gehirnhälfte nach oben gedreht ist, versucht die Person angestrengt, sich selbst oder andere in aktuellen Situationen zu kontrollieren oder zu beherrschen, und vermag nicht das Ganze in Relation zu seinen Teilen sehen. Dagegen würde das nach oben gedrehte Auge der nicht-dominanten Gehirnhälfte auf Probleme beim Verständnis von Einzelheiten hinweisen und darauf, daß die Person in problematischen Situationen leicht aufgibt. Schnelles Aufgeben kann dazu führen, daß kreative/künstlerische Ausdrucksfähigkeit nicht einsetzen kann.

Der Schluß „rechtes Auge = dominante, linkes Auge = nicht-dominante Gehirnhälfte" ist nicht generell zulässig; zuvor sollte auf Links- bzw. Rechtshändigkeit überprüft werden.

Streß dritten Grades

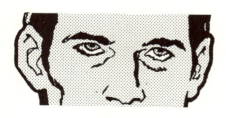

Abb. 13

Sollte der Streßzustand Tage, Wochen oder länger anhalten, verändert das andere Auge seine Position und dreht sich, wie das erste, nach oben, um somit die normale räumliche Wahrnehmung wieder herzustellen.

Ist unter beiden Iriden das Weiß der Skleren zu sehen, kann davon ausgegangen werden, daß die Person von einem ungelösten physischen, emotionalen, geistigen oder spirituellen Problem geplagt ist und irgendeine Art von Angst oder Schmerz nicht sehen oder nicht anerkennen will oder nicht ändern kann. (Oft äußert sich dies darin, daß nur eine einzige, dazu noch unannehmbare Alternative gesehen wird.)

Alarmzeichen

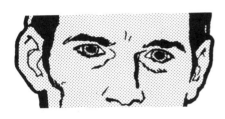

Abb. 14

Personen, deren Pupillen trotz Veränderung der Stärke einfallenden Lichtes ständig erweitert oder zusammengezogen sind, befinden sich in einem der folgenden Zustände:

Nebennierenerschöpfung
Die gesamten Adrenalinvorräte des Körpers sind erschöpft. Die Pupille ist ständig in Bewegung, egal ob ausgedehnt oder zusammengezogen. Außerdem reagieren Leute mit Nebennierenerschöpfung überempfindlich auf natürliche Fruchtzucker in Form von Früchten und akzeptieren statt dessen raffinierten Zucker, eine vollständige Umkehr des Normalzustandes. Für Personen mit diesem Streßzeichen ist eine generelle Untersuchung ratsam.

Reaktion auf Medikamente
Eine vorübergehende krankhafte Veränderung, ausgelöst durch empfindliche Reaktion auf die Inhaltsstoffe.

Gewohnheitsmäßige, bewußte Entscheidung,
entweder die wahrgenommene oder ausgedrückte Quantität von Licht/Emotion zu begrenzen (zusammengezogene Pupille) oder sich emotional dem inneren Licht zu öffnen (erweiterte Pupille).

Zusammenfassung

Erster Grad:
akuter oder erst kürzlich aufgetretener Streß = stumpfe Augen
Zweiter Grad:
Dauerstreß = zeitweiliger Strabismus eines Auges
Dritter Grad:
Langzeitstreß/ungelöstes Problem = zeitweiliger Strabismus (Schielen) beider Augen
Notsignal:
Abnorme und ständige Erweiterung oder Verengung beider Pupillen.

Die physischen Indikatoren dieser Zustände und Streßstufen bei anderen zu erkennen, kann von unschätzbarem Wert sein. Sie bei sich selbst zu erkennen, kann der erste Schritt zur Befreiung von ihren negativen Ursachen sein, von denen die eine oder andere sicherlich eine Form von Legasthenie im Sinne unserer globalen Grobdefinition darstellt.

54

Abb. 15

Kapitel 3

Wie man legasthenische Störungen und ihre Ursachen erkennt

Der traditionelle Weg, zu Informationen zu gelangen, führt über ein Gespräch, in dem Fragen und Antworten ausgetauscht werden, und stellt mehr oder weniger den Versuch dar, einen Zustand zu verstehen oder zu einer Einigung zu kommen. Auch wenn alle Teilnehmer ehrlichen verbalen Austausch anstreben, können viele unbekannte Faktoren den Gesprächsausgang beeinflussen. Das Bewußtsein stellt nur die Summe der Selbstwahrnehmung dar, basierend auf vergangener Konditionierung, gespickt mit blinden Flecken und Lebenslügen.

Den negativen Aspekten des Unterbewußtseins trauen wir ohnehin nicht über den Weg! Unserer Erfahrung nach haben sowohl Bewußtsein als auch Unterbewußtsein zu viele herausgeschnittene Ausfälle, als daß man ihnen echte Selbsteinschätzung zutrauen könnte. Darüber hinaus ist der Frage-und-Antwort-Prozeß selbst ein starker Stressor. Werden direkte Fragen gestellt, werden die Antworten wahrscheinlich von weniger als einem Viertel des Gehirns des Antwortenden kommen.

Da also weder vom Bewußtsein noch vom Unterbewußtsein vollständige, aufrichtige Wahrheit erfragt werden kann, müssen wir auf andere Art an die Antworten gelangen. Wer oder was sonst kennt und enthüllt uns die Antworten?

Der Körper – über den Muskeltest mit klarem Funktionskreis!

Nach Sicherstellung eines klaren Muskelfunktionskreises haben beide Gehirnhälften gleichgestellt die Möglichkeit, auf einen Test oder eine Frage zu antworten. Auf diesem Weg kann zu jedem Thema, das das physische und/oder emotionale Wohlbefinden eines Individuums beeinträchtigt, sowohl die Antwort des Glaubenssystems der dominanten Gehirnhälfte empfangen, als auch die Aussage des unparteiischen Zeugen, der nicht-dominanten Gehirnhälfte, aufgenommen werden.

Außerdem aktiviert ein Muskeltest mehr Gehirnzellen, als es eine geistige Einschätzung tut. Die zusätzliche muskuläre Aktivität und die Sinnesreize erweitern sowohl die Quantität als auch die Qualität der das Gehirn erreichenden Informationen. Während des Tests bekommt das Gehirn Feedback in seiner eigenen Sprache, der kinästhetischen Wahrnehmung.

Neulingen des Konzepts des Muskeltestes als Feedback vom Körper wird die Technik zumindest ungewohnt vorkommen. Und doch hat in den letzten zehn Jahren unsere Erfahrung ihre Genauigkeit unter den verschiedensten Testbedingungen unter Beweis gestellt. Tatsächlich basiert unsere gesamte Arbeit auf dieser Genauigkeit. Aus diesem Grund haben wir uns, wenn es um die Identifikation von mit Lernstörungen verbundenen Legasthenien geht und wenn bewiesen werden soll, daß solche neurologischen Blockaden entfernt wurden, für das Testen von Muskeln im klaren Funktionskreis entschieden.

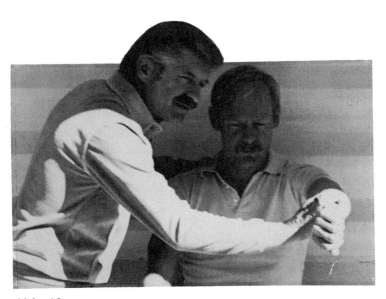

Abb. 16:
Muskeltest

Hintergrundinformationen
Das Muskeltesten selbst hat seinen Ursprung in der Angewandten Kinesiologie (AK) und dient der Feststellung, ob bestimmte Muskelgruppen normal funktionieren. Beim Test wird der Muskel in seinen kontrahierten Zustand gebracht, und es wird in die Richtung Druck ausgeübt, die diesen Muskel in seine extendierte Position bringt. Hält der Muskel stand, so funktioniert er normal, testet er schwach, so weist dies auf „Unterenergie" hin.

Zum Ausgleich von Unterenergien benutzt die AK Akupressur, Manipulation der Propriozeptoren und andere Techniken. Das Ergebnis: Verbesserte Koordination, Befreiung von muskulärem Streß, verbesserte Haltung, Schmerzverminderung sowie andere positive physische Veränderungen. Darüber hinaus entwickelte die AK das Konzept, daß durch Muskeltesten sowohl der Effekt von emotionalem als auch physischem Trauma auf den Körper festgestellt werden kann. Um die Auswirkungen emotionaler Traumata aufzuheben, benutzt die AK die Methode des Berührens von neurovaskulären Reflexpunkten (Stirnbeinhöcker/ZBAD).

Verdienterweise hat die AK weitreichende und begeisterte Aufnahme in den Bereich der ganzheitlichen Gesundheit gefunden und wird auch vom medizinischen Establishment anerkannt. Die Genauigkeit der Ergebnisse des AK-Muskeltests liegt mit 80 % signifikant hoch.

THREE IN ONE CONCEPTS hat den AK-Muskeltest noch weiter verfeinert. Indikatormuskeltests mit klarem Muskelfunktionskreis in Kontraktion und Extension auf beiden Körperseiten versprechen die größtmögliche Genauigkeit.

Muskeltest: Feedback vom Körper

Definition
Muskeltest ist die Anwendung von langsamem, vorsichtigem, leichtem Druck auf einen bestimmten Muskel in kontrahierter oder extendierter Position.

Abb. 17 a+b zeigt den Test des Deltoideus anterior in Kontraktion und Extension. In den *ONE BRAIN*-Testabfolgen werden beide Positionen benutzt, da die kontrahierte Position auf jeder Seite zu 80 % von ihrer entsprechenden Gehirnhälfte gesteuert wird und zu 20 % von der anderen. Umgekehrt ist es mit dem Muskel

60

Abb. 17 a
Kontraktion

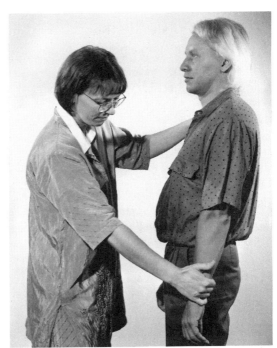

Abb. 17 b
Extension

in extendierter Stellung. Indem man sowohl die Muskeln der rechten als auch der linken Körperseite in beiden Positionen testet, werden 100 % beider Gehirnhälften mit einbezogen. Dies ist wichtig, um festzustellen, ob eine emotionale Entschärfung und/oder physische Korrektur stattgefunden hat und das ganze Gehirn damit einverstanden ist.

Erläuterung: „Kontraktion" bedeutet, daß der Muskel bis an die Grenze seines Vorwärts/aufwärts-Bewegungsradius positioniert wurde (bevor andere Muskeln übernehmen, um in dieser Richtung fortzufahren). „Extension" bedeutet, daß der Muskel am Ende seiner Rückwärts/abwärts-Bewegung positioniert wurde (bevor andere Muskeln übernehmen, um in dieser Richtung fortzufahren).

Anatomisch bedeutet Kontraktion die Verringerung der Entfernung zwischen Ursprung und Ansatz eines Muskels. Extension bedeutet die Vergrößerung der Entfernung zwischen Ursprung und Ansatz eines Muskels.

Vorgehensweise

Zu Beginn empfehlen wir für Übungszwecke den Test des M. deltoideus anterior. Abb. 17 a+b zeigt seine einfache Handhabung in kontrahierter und extendierter Position.

Zuerst muß erfragt werden, ob dem Testpartner das Testen bestimmter Muskeln unangenehm ist. Wenn ja, werden diese Muskeln nicht getestet. Und selbst wenn die Person ein schnelles O.K. gibt, prüfen Sie nochmals. Hierzu wird der gewünschte Muskel in Kontraktion gebracht und nach der Frage „Ist es in Ordnung, wenn ich den Arm in dieser Position teste? Ist diese Position

angenehm?" getestet. Nur wenn die Antwort positiv
ausfällt, wird der Muskel für weitere Tests verwendet.
Ist sie negativ, wählen Sie einen anderen der auf Seite 65
ff. angegebenen möglichen Indikatormuskeln. Fragen
Sie jedoch immer vor weiteren Tests um Erlaubnis.

Hinweis: Während des Tests sollten die Finger der Testperson sich nicht berühren. Aus Gründen, auf die später noch hingewiesen wird, sind Positionen mit
geschlossener Hand potentielle Kurzschlußfaktoren für
bestimmte Kommunikationsbahnen des Körpers.

Der Deltoideus anterior wird in Kontraktionsposition gebracht. Eine Hand liegt auf dem Testarm oberhalb des Handgelenks, durch Auflegen der anderen
Hand auf der Schulter des Partners wird stabilisiert
(Abb. 17 a). Der Beginn des Testes wird durch die Aufforderung zu halten angekündigt, dann wird langsam
und vorsichtig Druck in der angegebenen Bewegungs-
richtung ausgeübt, bis zu dem Punkt, an dem zu fühlen
ist, daß der Muskel hält. An diesem Punkt wird durch
eine Verstärkung der Muskelreaktion ein Gefühl vermittelt, das besagt „bis hierher und nicht weiter". Um
den Muskel weiter zu bewegen müßte gewaltsam
gedrückt werden. Dieses Gefühl gilt es zu entdecken,
um dann den Druck für eine weitere Sekunde aufrecht
zu halten und dann langsam nachzugeben, während
weiterhin Körperkontakt beibehalten wird.

Hinweis: Achten Sie auf Ihren Atem! Während des
Testens oder Getestetwerdens ist die Tendenz groß, den
Atem anzuhalten. Luftanhalten blockiert genaues Feed-

back. Achten Sie deshalb darauf, daß sowohl Sie als auch Ihr Partner beim Testen entspannt sind und weiter atmen.

Der Indikator wird beim Test entweder standhalten oder nachgeben. Wenn das Resultat nicht sicher erscheint, nehmen Sie und Ihr Partner einen tiefen Atemzug und testen Sie noch einmal. Manche Testpersonen leisten totalen Widerstand, statt einfach zu halten. Sie scheinen zu glauben, daß ein Nachgeben des Indikators Schwäche bedeutet, und wehren sich daher gegen diese Indikatorveränderung. Insbesondere Leuten mit Macho-Tendenzen muß daher gesagt werden, daß ein Muskeltest kein Zweikampf ist.

Die Aufgabe der Testperson ist, die Testposition zu halten und außer dem Interesse am Ergebnis keinerlei Erwartungen zu haben. Das gleiche gilt auch für den Tester.

Ab diesem Moment stellt eine Indikatorveränderung nur mehr eine Muskelantwort mit Unterenergie dar. Das Ergebnis ist nur als solches interessant. Standhalten und Nachgeben des Muskels stellen ein vom Körper gegebenes Feedback dar; Sie können nun fortfahren, den gesamten Funktionskreis des Deltoideus anterior zu testen.

Erster Schritt

Rechter und linker Deltoideus anterior werden nacheinander in Kontraktion getestet, das Ergebnis wird notiert. Die Ergebnisse können differieren. Für den Augenblick zählt jedoch nur das Ergebnis selbst, mögliche Schlußfolgerung bleiben zunächst unbeachtet.

64

Zweiter Schritt
Um die Überprüfung des Funktionskreises zu vervoll-
ständigen, werden dieselben Muskeln nun in Extension
getestet (s. Abb. 17 b) und die Ergebnisse notiert.
 Der Test in der Extension kehrt die Testrichtung um.
Der kontrahierte Muskel wird nach unten und hinten
gedrückt, der extendierte nach oben und vorne gezogen.
Die Zugkraft wird oberhalb des Handgelenkes ange-
setzt. (Der Test sollte nie auf einem Gelenk erfolgen, da
hierdurch andere Faktoren ins Spiel kommen und die
Resultate verfälschen können, zum Beispiel, wenn die
Person Arthritis hat.)
 Wenn Sie den ganzen Muskelfunktionskreis sowohl
in Kontraktion als auch in Extension getestet haben,
nehmen Sie sich Zeit, sich mit den anderen vier Indikatoren vertraut zu machen, die im *ONE BRAIN*-Ablauf
benutzt werden können.

Die fünf wahlweise zu testenden Indikatoren
Da Armmuskeln in der Regel am leichtesten zu testen
sind, schlagen wir Pectoralis major clavicularis, Deltoideus anterior, Supraspinatus und Latissimus dorsi zur
Auswahl vor. Sollte die Armmuskulatur aufgrund von
Unterenergie nicht geeignet sein, kann wahlweise der
Quadrizeps getestet werden. Die Muskeln sind gemeinsam mit ihren Testpositionen in den Abb. 19–23 darge-
stellt. Sie sind alle einzeln nacheinander in Kontraktion
und Extension zu testen.
 Der Druck soll immer dem natürlichen Bewegungsra-
dius des Armes oder Beines folgen (Abb. 18 a+b, nächste Seite).

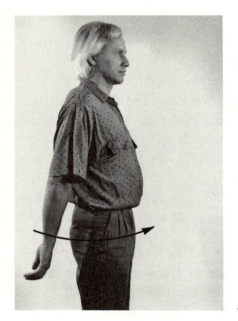

Abb. 18 a

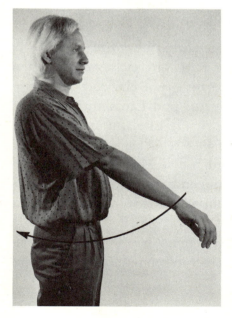

Abb. 18 b

Die fünf Testmuskeln

Pectoralis major clavicularis
Kontraktion: Der Arm der Testperson wird gerade nach vorne ausgestreckt, parallel zum Boden gehalten, der Daumen weist nach unten, die Handfläche nach außen. Der Testdruck erfolgt nach schräg außen unten.

Extension: Der Arm wird mit dem Daumen nach unten und der Handfläche nach hinten weisend in einem Winkel von 45 Grad zum seitlichen Rumpf gehalten. Der Testdruck erfolgt nach innen und oben in Richtung Kontraktion (s.o.).

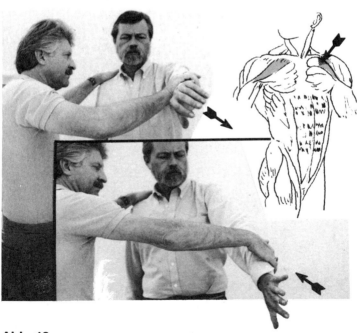

Abb. 19

Latissimus dorsi

Kontraktion: Der Arm wird gerade nach unten mit nach außen gedrehter Handfläche positioniert. Es ist darauf zu achten, daß der Ellbogen durchgestreckt ist und sich der Oberkörper nicht bewegt. Die Testrichtung ist seitlich vom Körper weg.

Extension: Der Arm wird in einem Winkel von ca. 45° seitlich vom Rumpf gehalten. Die Handinnenfläche weist nach außen. Testdruck in Richtung seitlicher Rumpf.

Abb. 20

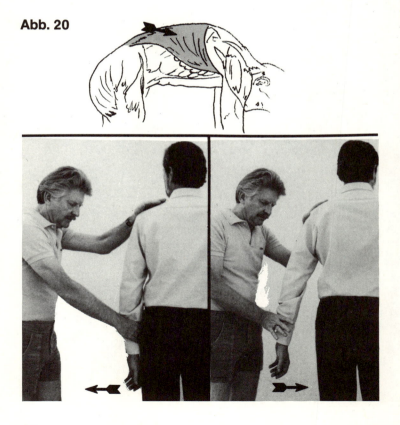

Deltoideus anterior
Kontraktion: Der Arm wird um 30° nach vorne angehoben, die Handfläche weist nach unten. Testdruck erfolgt am Unterarm parallel zum Rumpf nach hinten.

Extension: Der gerade und parallel zum Rumpf herunterhängende Arm wird so gedreht, daß die Handinnenfläche nach hinten weist. Der Testdruck erfolgt am Unterarm nach vorne.

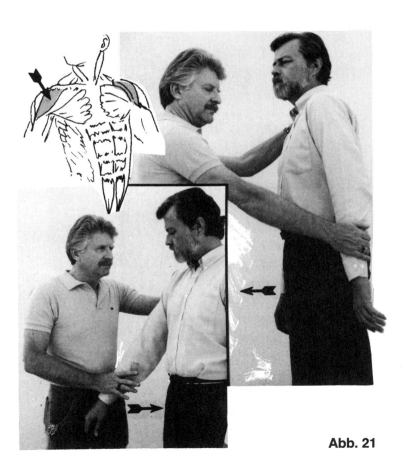

Abb. 21

Supraspinatus

Kontraktion: Der Arm wird knapp 20° nach vorne und außen gebracht. Die Handinnenfläche ist so gedreht, daß sie in Richtung Körpermitte weist. Testdruck wird ausgeübt am Unterarm in Richtung Körpermittellinie.

Extension: Der gestreckte Arm wird so am Körper gehalten, daß die Handinnenfläche direkt unterhalb des Schrittes zur Körpermittellinie weist. Die Testrichtung ist schräg nach außen oben.

Abb. 22

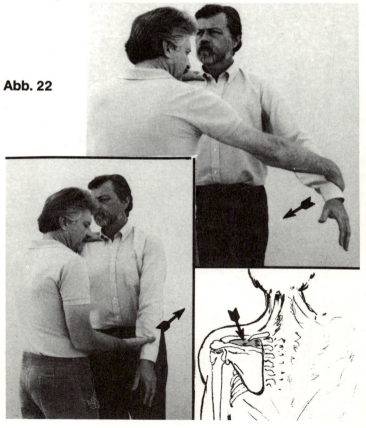

Quadrizeps
Kontraktion: Das Knie wird bis etwa unterhalb der Höhe des Hüftgelenkes angehoben und der Unterschenkel so gehalten, daß er leicht nach vorne weist. Testdruck wird auf den Oberschenkel gerade nach unten ausgeübt.

Extension: Der Oberschenkel hängt gerade nach unten. Der Unterschenkel ist weiterhin gebeugt. Testdruck oberhalb der Kniekehle in Richtung nach vorne oben.

Abb. 23

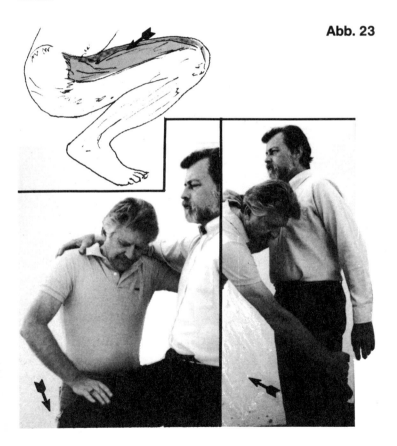

Und jetzt – herzlichen Glückwunsch!

Selbst als absoluter Neuling im Muskeltesten sind Sie soeben mit Ihrem Partner tiefer in die Muskelfunktionskreise eingestiegen, als es so mancher Praktiker jemals getan hat. Die meisten Tester geben sich damit zufrieden, nur die Kontraktionsposition eines Muskels auf einer Seite des Körpers zu überprüfen, in der Annahme, damit ein korrektes Testergebnis zu haben. Außerdem haben Sie jetzt die Möglichkeit, doppelt so viele Informationen aus dem getesteten Muskel zu erhalten.

Während des Überprüfens der fünf Muskeln in Kontraktion und Extension ist Ihnen wahrscheinlich aufgefallen, daß es unterschiedliche Testergebnisse sowohl zwischen links und rechts als auch zwischen den Kontraktions- und den Extensionshaltungen gab. Würden Sie einen solch widersprüchlichen Muskel benutzen, hätte dies eine Verminderung der Qualität des Feedbacks des Körpers zur Folge. Benötigt wird ein Muskelindikator, der auf beiden Seiten und in beiden Positionen standhält.

Selbst wenn ein in allen Positionen standhaltender Indikator gefunden wird, muß noch mehr überprüft werden, bevor davon ausgegangen werden kann, daß der Muskel exakte Antworten für einen gültigen Test gibt. Dies gilt insbesondere dann, wenn alle fünf Muskeln in allen Positionen von vornherein standhalten. Es könnte in diesem Fall auch eine generelle Blockade des Systems als Folge von Streß vorliegen. Als Tester möchten wir auf jeden Fall sicherstellen, daß wir einen klaren

Muskelfunktionskreis haben, bevor wir mit spezifischen Tests beginnen.

Funktionskreise und ihre möglichen Blockierungen

Definition
Ein Funktionskreis ist eine Bahn, durch die aktivierende und deaktivierende Signale übertragen werden. Jeder beliebige Funktionskreis hat seine eigene Integrität, sogar wenn er Teil eines komplexeren Funktionskreises ist.

Es gibt viele verschiedene Arten von Funktionskreisen im Körper. Ein Beispiel für einen neurologischen Funktionskreis ist der komplexe Vorgang des Gehens. Wenn wir diese Aktivität ausüben, ist jede Bewegung, ob einfach oder kompliziert, eine Folge von Muskelkontraktion und -extension mittels eines komplizierten Zusammenspiels von Nerven und Muskeln. Das Kommando wird vom Gehirn über Millionen von Neuronen an die beteiligten Muskeln weitergegeben.

Beim Gehen schwingt mit dem rechten Fuß auch der linken Arm vor. Die neuralen Impulse, die das rechte Bein zur Vorwärtsbewegung anregen, hemmen gleichzeitig gegenspielende (antagonistische) Muskelgruppen, um diesem Bein seine Vorwärtsbewegung zu ermöglichen. Das gleiche passiert im linken Arm, so daß in einer eingefrorenen Gehposition die gehemmten Muskeln schwach testen werden, während die angeregten Muskeln standhalten.

73

Beim Test des Deltoideus anterior in Kontraktion und Extension wurde gewissermaßen der gesamte Funktionskreis des Gehens überprüft, weil dieser Muskel ein Teil des Ganzen ist. Das gleiche geschieht beim Test von Pectoralis major clavicularis und Quadrizeps. Bei jedem Muskeltest werden wesentlich mehr Muskeln als nur der eine aktiviert. Alle Muskeln in diesem Funktionskreis werden zu einem bestimmten Grad mit einbezogen.

Blockierte Funktionskreise
Physische und emotionale Stressoren beeinflussen den Körper in gleicher Weise, da das Gehirn reale und eingebildete Erfahrungen auf die gleiche Art verarbeitet. (Dies erklärt, warum die Angst vor Schmerz genau so real ist wie der Schmerz selbst.) Sollte also ein Teil eines beliebigen Muskelnetzwerks von emotionalem Streß oder physischer Anspannung befallen werden, versucht der Rest dieses Funktionskreises dies zu kompensieren, mit dem Ergebnis, daß der normale freie Fluß blockiert wird. Tatsächlich überanstrengen sich die Muskeln dabei, was dazu führt, daß sie nicht mehr so effektiv arbeiten können.

Ein Muskel, der Teil eines blockierten Funktionskreises ist, testet wahrscheinlich stark, obwohl er es nicht ist, und wird auch in Extension und Kontraktion gleichzeitig standhalten. Aus diesem Grund ist auf einen klaren Funktionskreis des Indikatormuskels zu achten, bevor weitere Tests erfolgen. Diese überaus wichtige doppelte Kontrolle garantiert die besten Testergebnisse, ohne die Grund bestünde, an der Effektivität des Muskeltestens zu zweifeln.

Indikatormuskel mit klarem Funktionskreis

Definition

Indikatormuskeln mit klarem Funktionskreis testen in Kontraktion und Extension stark und können sediert werden, was wiederum den gleichen Muskel auf der gegenüberliegenden Körperseite beeinflußt. Im Muskelbauch geben Propriozeptoren genannte Nervensensoren diesem Muskel Informationen über Bewegung und Position. Drückt man den Muskelbauch zusammen, senden die Propriozeptoren eine Botschaft an den Muskel, um ihn zu entspannen. Dehnen des Muskelbauches veranlaßt die Propriozeptoren, an den Muskel eine Botschaft zwecks Stärkung zu senden.

Vorgehen:

Erster Schritt

Beste Resultate werden erzielt, wenn die Testperson entspannt steht und nur die für den Test notwendigen Körperbewegungen ausführt. Der Indikatormuskel wird auf beiden Körperseiten in beiden Positionen nach dem folgenden Muster getestet:

Erst in Kontraktion auf der einen, dann in Extension auf der anderen Körperseite testen; dann mit den entsprechend umgekehrten Testpositionen auf beiden Körperseiten.

Der Indikatormuskel sollte auf beiden Körperseiten in beiden Positionen standhalten. (Wenn nicht, ist ein anderer Indikatormuskel zu wählen, der standhält.)

Zweiter Schritt

Zunächst wird überprüft, ob ein klarer Muskelfunktionskreis vorliegt. Dazu wird der Muskelbauch in der Richtung des Muskelfaserverlaufs vorsichtig aber fest zusammengedrückt (s. Abb. 24 a). Ist der Verlauf der Muskelfasern vertikal, wird in vertikaler Richtung zusammengedrückt, ist er diagonal, folgt man dieser Richtung.

Wenn der Indikator nun schwach testet, deutet dies auf einen klaren Funktionskreis hin. Testet der Indikator stark, ist der Funktionskreis blockiert und muß korrigiert werden (s. unter „Korrektur eines blockierten Funktionskreises")

Dritter Schritt

Das Gleichgewicht im Funktionskreis wird wiederhergestellt, indem der zuvor sedierte Muskelbauch vorsichtig, aber fest in Richtung Ursprung und Ansatz auseinandergezogen wird (Abb. 24 b). Der Indikator sollte danach in Kontraktion und Extension standhalten.

Hinweis: Die Manipulation der Propriozeptoren im Muskelbauch erfolgt ohne übermäßigen Kräfteeinsatz. Vorsichtig, aber fest wird gedrückt bzw. gezogen und dann erneut getestet. Dabei wird nichts erzwungen; wenn der Funktionskreis blockiert ist, ist er eben blockiert.

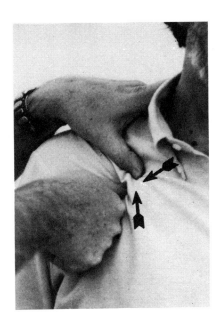

Abb. 24 a
Sedieren
(zusammendrücken)

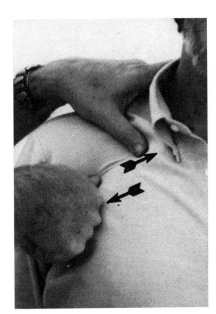

Abb. 24 b
Anregen
(auseinanderziehen)

Korrektur eines blockierten Funktionskreises

Wenn ein Muskel nicht auf die beschriebene Prozedur reagiert und seine normale Kommunikationsfähigkeit wiederhergestellt werden soll, wird folgende Vorgehensweise benutzt:

Erster Schritt
Der Indikatormuskel wird in Kontraktsstellung gebracht und in dieser gehalten, dabei rückt die Testperson kraftvoll in Richtung Extension, während der Tester noch mehr in Richtung Kontraktion zieht (Abb. 25 a). Danach wird der gleiche Indikatormuskel der anderen Körperseite in Extension gebracht und in dieser Stellung gehalten, indem die Testperson kraftvoll in Richtung Kontraktion nach oben drückt und der Tester in Richtung Extension drückt.

Zweiter Schritt
Der Indikator wird nun in Kontraktionsstellung gebracht und der Vorgang wiederholt. Danach wird die Blockade auf der anderen Körperseite mit dem Indikator in Extension aufgelöst (Abb. 25 b).

Dritter Schritt
Der Sedierungsvorgang wird nun wiederholt, indem man die Propriozeptoren im Muskelbauch des Indikators vorsichtig, aber fest zunächst auf einer Körperseite zusammendrückt und gleich noch einmal in Kontraktion testet. Der Indikator sollte dabei nachgeben. Das gleiche gilt für die Extension auf der anderen Körperseite. Um sicher zu gehen, wird der Test wiederholt.

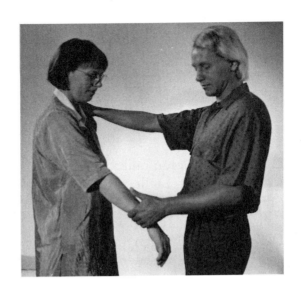

Abb. 25 a
Kontraktion

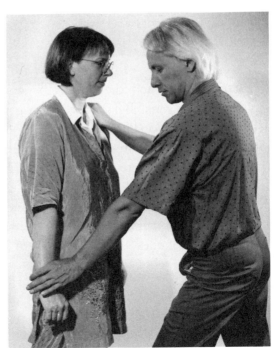

Abb. 25 b
Extension

Jetzt wird der Indikatormuskel der anderen Körperseite beruhigt und noch einmal getestet. Sowohl rechter als auch linker Indikator sollten jetzt nicht mehr standhalten, weder in kontrahierter noch in extendierter Position.

Vierter Schritt
Die normale Kommunikationsfähigkeit des Indikators wird wiederhergestellt, indem die Spindelzellen im Muskelbauch wieder auseinandergezogen werden. Durch erneutes Testen wird die Korrektur verankert. Der Muskel sollte jetzt in Kontraktion und Extension auf beiden Körperseiten standhalten. Damit ist die Blockade des Funktionskreises erfolgreich aufgehoben und seine normale Kommunikationsfähigkeit wiederhergestellt.

Hinweis:
Meistens funktioniert die beschriebene Vorgehensweise des Entblockierens. Bei Vorliegen von starkem physischen oder emotionalen Streß kann es jedoch sein, daß ein Funktionskreis vorerst blockiert bleibt und mit keiner Methode (Magnete, Berührungspunkte, Spindelzellen, etc.) sediert werden kann. Wenn der Entblockierungsvorgang nicht funktioniert, wird ein anderer Muskel als Indikator verwendet. Wenigstens einer der fünf wird für verläßliches Testen mit klarem Funktionskreis zur Verfügung stehen.

Vertiefung der Fähigkeiten

Um sich mit dem Test vertraut zu machen, empfehlen wir Ihnen, zunächst die Funktionskreise aller fünf Indikatoren zu überprüfen und, wo notwendig, zu korrigieren. Dabei ist weniger wichtig, was Sie entdecken, sondern daß Sie etwas entdecken. Je mehr Sie testen, umso größer wird Ihre Erfahrung.

Tester und effektives Testen

Auch absolute Neulinge im Muskeltesten können unter Beachtung der folgenden grundlegenden Regeln hervorragende Resultate erzielen, sofern ein klarer Muskelfunktionskreis vorliegt.

Einstimmung
Im Prinzip ist ein Muskeltest nichts anderes als ein Sicheinstimmen auf das Energiefeld der Testperson. Dieser Kontakt wird durch die Berührung hergestellt, vorausgesetzt, Sie sind voll auf den Test konzentriert und haben keine Erwartungen außer dem Bewußtsein für die Veränderung im Indikatormuskel.

Sicherheit
Vertrauen Sie Ihrer Fähigkeit zu testen und seien Sie zuversichtlich, daß Sie mit Ihrer Testperson Resultate erzielen werden. Vertiefen Sie mit dieser Sicherheit die Verbindung, die Sie durch Ihre sanfte, angepaßte Testberührung herstellen.

81

Jeder Test wird mit dem Wort „halten" eingeleitet, um dem Partner die eigene Bereitschaft anzuzeigen. Tiefes Einatmen vor Beginn des Tests garantiert ruhige Sicherheit für den Tester, der bei der Durchführung des Tests ausatmen sollte.

Interesse

Zeigen Sie Interesse an der Testperson, indem Sie langsamen, vorsichtigen Druck ausüben und sowohl vor dem Test als auch nachher mit dem Indikator in Berührung bleiben. Durch diesen fortgesetzten Kontakt zeigen Sie Interesse und Sicherheit und bleiben auf die Energie der Testperson eingestellt.

Zur Erinnerung sei nochmals darauf hingewiesen, daß die Hände der Testperson entspannt geöffnet sind und die Finger sich nicht berühren sollen.

Testpersonen und effektives Sich-testen-lassen

Auch hier gelten die drei grundlegenden Regeln:

Einstimmung

Kommen Sie innerlich in Kontakt mit Ihrem Körper. Sobald Ihr Indikator in Position ist, stabilisieren Sie ihn dort und stellen sich auf ihn ein. Seien Sie präsent, ohne Erwartungen zu haben.

Sicherheit

Seien Sie sicher, daß Sie Ergebnisse erzielen werden. Einzigmöglicher Stolperstein wäre Ihre Angst vor dem Getestetwerden oder die Angst, nicht die Kontrolle zu haben. Entscheiden Sie sich dafür, testbar zu sein. Wenn Ihr Tester „halten" sagt, atmen Sie ein, während des Tests aber langsam aus, bis der Testdruck nachläßt.

Während Sie getestet werden, sollte Ihre Hand offen und entspannt sein und die Finger dürfen sich nicht berühren. Geschlossene Hände können das elektrische System des Körpers kurzschließen und Fehlinformationen hervorrufen.

Interesse
Seien Sie interessiert, herauszufinden, was Ihnen Ihr Körper zu sagen hat. Der Testvorgang ist wirklich faszinierend und, wie Sie bald feststellen werden, sehr aufschlußreich.

Demonstration des Einflusses von Emotionen auf den Körper

Wenn Sie mit Personen arbeiten, die noch keine Erfahrung mit dem Muskeltesten haben, ist es hilfreich, vorher zu demonstrieren, wie sich emotionaler Streß auf den Körper auswirkt. Dadurch zeigen Sie Ihrem Partner die Vorgehensweise und erfahren selbst, wie Sie die Resultate erkennen können.

Erster Schritt
Fragen Sie zu Beginn stets um Erlaubnis für den Test und ob physische Probleme, die den Test unangenehm machen würden, vorliegen. Dann identifizieren Sie einen Indikator mit klarem Funktionskreis. Die Durchführung des gesamten Testablaufs macht die Testperson

mit dem Ablauf vertraut und läßt sie erleben, wie sich ein veränderter Indikator anfühlt.

Zweiter Schritt

Wenn ein Indikator mit klarem Funktionskreis gefunden ist, fordern Sie Ihren Testpartner auf, eine unangenehme Erfahrung aus der Vergangenheit zu wählen, wie z.B. lächerlich gemacht, öffentlich kritisiert oder betrogen worden zu sein oder jemand Wichtigen verloren zu haben. Dieser Vorfall muß nicht verbalisiert, sondern nur erinnert werden.

Bitten Sie die Testperson, die Augen zu schließen, die Erinnerungen wieder aufleben zu lassen, bis ein Gefühl im Magen zu spüren ist, und die Anwesenheit dieses Gefühls dann mit einem Nicken zu signalisieren. Sobald das Zeichen kommt, wird der Indikator in Kontraktion, dann in Extension getestet und auf eine Änderung der Reaktion geachtet. In 90 % der Fälle wird der Indikator nachgeben.

Dritter Schritt

Der zweite Teil der Vorführung ist ebenso dramatisch. Nachdem festgestellt wurde, daß der Indikator auf Grund eines vergangenen Stressors nachgibt, bitten Sie jetzt die Testperson, sich an eine Erfahrung zu erinnern, die Freude, Glück, Erleichterung oder Vergnügen brachte. Wiederum ist Verbalisieren nicht notwendig. Lassen Sie die Augen schließen, die glückliche Erinnerung durchleben und nicken, wenn Sie gefühlt wird. Sobald das Nicken kommt, testen Sie in Kontraktion und Extension. Der Indikator wird in beiden Positionen standhalten.

Lassen sie danach noch einmal die negative Erfahrung durchleben und testen Sie. Der Indikator wird in allen Positionen nachgeben. Dann lassen Sie die Person die negative Erfahrung durch die positive ersetzen, diese noch einmal durchleben und testen dann. Der Indikator wird in allen Positionen standhalten.

Negative Emotionale Ladung (NEL) = Desorientierung innerhalb des Körpers

Ein starker Indikator zeigt, daß der Körper hinsichtlich einer bestimmten Testkategorie oder ins Gedächtnis zurückgerufener Situationen stabil bleibt. Ein schwaches Testergebnis bedeutet, daß die Kategorie oder wieder aufgerufene Erinnerung emotionale Überwältigung mit der dazugehörigen muskulären Desorganisation hervorruft. Muskuläre Desorganisation ist ein zuverlässiger Indikator für die 'überwältigende' Kraft des Stresses.

Aussage eines starken Indikators
1. Das getestete Thema hat nicht genügend Negative Emotionale Ladung, um eine Indikatorveränderung hervorzurufen.
2. Bei direkten Fragen eine positive Antwort („Ja").
3. Ein blockierter Funktionskreis (auf Grund eines intensiven unterbewußten Wunsches, Feedback zu dem Thema abzublocken) Sofort korrigieren!

Aussage eines schwachen Indikators

1. Das getestete Thema hat genug Negative Emotionale Energie, um den Muskel zu schwächen: hiermit wird eine Priorität für die Korrektur angezeigt.
2. Bei direkten Fragestellungen eine negative Antwort („Nein").
3. Switching (aufgrund starker Angstgefühle, die mit dem Thema verbunden sind). Sofort korrigieren!

Erstaunlich ist, daß über Muskeln mit klaren Funktionskreisen an unseren Meinungen vorbei unsere wahren, integrierten Körper-Geist-Reaktionen auf einen beliebigen Stressor getestet werden können. Da sich die Qualität der Vorderhirnfunktion unter Streß vermindert und in diesem Zustand unsere geistigen Einschätzungen kaum zuverlässig sind, ist diese Tatsache besonders wertvoll.

Wenn wir Muskeln mit klarem Funktionskreis testen, werden wir manchmal feststellen, daß uns das, was wir bisher als geringfügigen Stressor angesehen haben, in Wirklichkeit überwältigt und größere Stressoren nicht den erwarteten Effekt haben. So mag es zum Beispiel sein, daß uns nicht die Pflicht zum Abliefern einer Reihe von Berichten „umwirft", sondern das aufgrund unserer schlechten Rechtschreibfähigkeit notwendige Nachschlagen vieler Wörter im Lexikon.

Außerdem kann die Feineinstellung eines Muskeltests Stressoren ans Licht bringen, die wir zwar gefühlt, jedoch nie verbalisiert oder durchdacht haben. Manchmal reicht es dem Gehirn schon, den genauen Grund für einen Stressor zu erfahren, um das Problem und die damit verbundenen negativen Emotionen zu lösen.

Streß und Legasthenie der dominanten Gehirnhälfte

Die nicht-dominante Gehirnhälfte übernimmt automatische Reaktionen im Körper. Sie führt räumliche und rhythmische Aufgaben durch. Die dominante Gehirnhälfte verbalisiert. In Stille oder zu Musik führt die nicht-dominante Gehirnhälfte die verschiedensten komplizierten Aufgaben durch. Sobald wir den Mund öffnen, um zu sprechen, sind wir der Gnade und den Einschränkungen der AIZ und den mit verbalem Konflikt verknüpften Emotionen ausgeliefert.

Wenn wir, in welcher Form auch immer, von Schmerz oder Angst bedroht werden, arbeitet die nicht-dominante Gehirnhälfte normal weiter und hält den Körper in Harmonie mit den Einzelheiten, die die AIZ für diesen Tag geplant hat. Aber sobald sich Schmerz, Angst oder Angst vor Schmerz zeigt, schaltet die AIZ um auf Überleben und Flucht oder Kampf und unterdrückt die unterstützende Integration von körperlichen und geistigen Aktivitäten, die die nicht-dominante Gehirnhälfte leistet.

Um die Hypothese zu überprüfen, daß bestimmte Gehirnaktivitäten andere stören, hat Marcel Kinsbourne die Testpersonen in seinen Experimenten gelehrt, einen kleinen Metallstab auf ihrem Zeigefinger zu balancieren. Nachdem sie darin geübt waren, forderte Kinsbourne sie heraus, indem er sie wiederholt eine Reihe von Testsätzen aussprechen ließ. Er stellte fest, daß die Leistung der linken Hände durch Sprechen nicht beeinflußt wurde, sich jedoch das Balancieren mit der rechten Hand dramatisch verschlechterte. Da sowohl Sprechen als auch die Aktivität der rechten Hand die gleiche (linke) Gehirnhälfte in Anspruch nehmen, folgerte Kinsbourne daraus, daß eine Aktivität die anderen hinderte. Eine Wiederholung des Experiments mit Kindern im Alter von drei Jahren brachte die gleichen Resultate. (*GEHIRN, GEIST, PSYCHE* von Dr. Richard M. Restak)

Tritt in einer Gehirnhälfte Streß auf, werden die Muskeln der gegenüberliegenden Körperseite aufgrund der Nichtintegration ihrer Signale schwach reagieren. Das zeigen auch die Testergebnisse bei der Durchführung der nachfolgenden Untersuchungen. Alle Lernstörungen sind in irgendeiner Weise mit Sprache verbunden, ob geschriebener, gesprochener oder gehörter; und alle Störungen im Lernprozeß wurden durch emotionalen Streß in Form von Angst, Schmerz oder Angst vor Schmerz zur Zeit des Lernens ausgelöst. Tatsächlich entspricht das dem, was wir gelernt haben, oder genaugenommen dem, was die AIZ „gelernt" hat.

Es ist jetzt an der Zeit, dieses Gelernte aufzugeben und zu lernen, wie man lernt zu lernen, frei von vergangenen Stressoren, die uns glauben ließen, daß wir es nicht könnten!

Kapitel 4

Identifizierung legasthenischer Lernstörungen: Die Untersuchung (1. Teil)

Definition

Eine Serie von Tests, um die neurologischen Kurzschlüsse innerhalb der dominanten Gehirnhälfte und zwischen den Gehirnhälften zu identifizieren, die legasthenische Lernstörungen zur Folge haben.

Dieser Teil des Buches (Kap. 4 u. 5) enthält vorerst nur die Untersuchung. Abgesehen von den wenigen Korrekturen, die in den ersten Testkategorien gemacht werden müssen (Kap. 4), werden alle Korrekturvorgehensweisen in einem späteren Kapitel beschrieben (Kap. 8).

Erklärung

Allein die Worte „Untersuchung" oder „Test" lösen in fast jedem Menschen Streß aus, aufgebaut, als das erste Mal erfahren wurde, was Test oder Untersuchung bedeutet. Sobald Sie mit dem Testen beginnen, werden alle jene Erinnerungsneuronen, die mit dem Lernprozeß in Beziehung stehen, aktiviert. Dieser konzentrierte Streß bestimmt jede Reaktion zu diesem Thema.

Vorgehensweise

Ist ein Muskel mit klarem Funktionskreis identifiziert, wird mit dem Arm der dominanten Gehirnhälfte getestet, da die „Schreibhand" bei den meisten Menschen den Zugang zu den Sprachzentren des Gehirns hat. Alle Untersuchungskategorien werden nacheinander getestet, und zwar soweit nicht anders angegeben, jeweils in Kontraktion und Extension.

ONE BRAIN – CHECKLISTE

Führe alle Tests in Kontraktion und Extension an beiden Armen durch.

Seite 50 **Streßstadien**   Ja   Nein   St. 1   St.2   St. 3   St.4

Seite 73 **Klarer Muskelfunktionskreis** _____

Korrigiere, wenn nötig, bevor mit Testen begonnen wird.

Seite 92 **Switching**   o.k. – nicht o.k.

Seite 96 **Zentral- und**

Gouverneursgefäß   o.k. – nicht o.k.

**Keine Korrekturen beim Durchführen der Tests auf der Check-
liste. Nur anmerken, wo Korrekturen nötig sind.**

Test   **Anmerkungen**

Seite 99 **Anforderungen . . .**

von anderen _____% _____

an andere _____% _____

selbst _____% _____

(Neg. Emotionale Ladung 1–100%)

Seite 104 **Lesewahrnehmung:** (Lesen, während getestet wird)

vorwärts _____

rückwärts _____

leise _____

Verständnis _____

Alphabet _____

Zahlen 0–9 (Seite 106) _____

Seite 107 **Überqueren der Mittellinie**

(einen Satz auf die Rückseite der Checkliste schreiben und
testen)

L   Mittellinie   R (Kont.)   _____

L   Mittellinie   R (Ext.)   _____

Seite 111 Kurzgeschlossene Augen

Augen offen (li re o u Mitte) _____

Augen geschl. (li re o u Mitte) _____

Augen offen (nah, Arml., fern) _____

Augen hin und her – 20mal _____

Seite 115 Kurzgeschlossene Ohren
(Kopf drehen) _____

Seite 118 Fixierung
(schwarzes Papier) _____

Seite 123 Überkreuz-Muster

Überkreuz-Muster _____

X (sollte halten) _____

II (sollte nicht halten) _____

Seite 127 Zungenbein
(*sanft* bewegen währ. Test) _____

Seite 129 Transversalfluß _____

Seite 131 Nahrung/Genetik
(Glabella berühren) _____

Seite 133 AIZ(klopfen/berühren
hinter dom. Ohr) _____

Seite 135 Emotionales
Streß-Statement _____

positiv: _____

negativ: _____

_____%

91

Switching?	o.k. – nicht o.k.
(sofort korrigieren)	

Switching-Tests

Definition

Tests zur Feststellung, ob interner oder externer Streß die Kommunikation zwischen linker und rechter Gehirnhälfte stört und damit auch nervliche und energetische Muster im Körper durcheinandergebracht werden. Wenn der Körper im „geswitchten" Zustand getestet wird, gibt er fehlerhafte oder verdrehte Informationen.

TESTS

Grundsätzlicher Test auf Switching:

1. Der Indikatormuskel wird zunächst mit der einen, dann mit der anderen Hand getestet, um die Reaktion auf wechselnde Handpolaritäten zu überprüfen. Gibt der Muskel nach, ist die Person in einer oder allen der unten angegebenen Modi switched.
2. Testen Sie jetzt beide Arme gleichzeitig, dann wechseln Sie die Hände (überkreuzen sie) und testen wieder beide Arme gleichzeitig. Wenn der Indikator nachgibt, ist die Person in zweien der folgenden Modi switched:

Spezifische Tests:

Links/Rechts-Switching

Um festzustellen, ob Switching von einer Seite des Körpers/Gehirns zur anderen besteht, berühren Sie Ni27

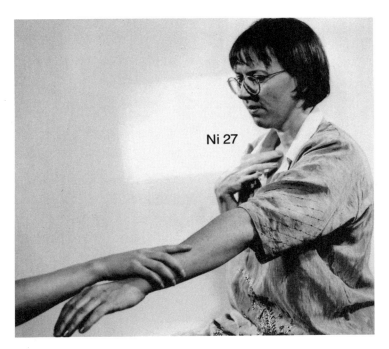

Abb. 26

mit Zeige- und Mittelfinger gleichzeitig jeweils auf der rechten und auf der linken Seite und testen jedesmal. Der Akupunkturpunkt Ni27 sitzt am äußeren Rand des Brustbeins unterhalb des Schlüsselbeins (Abb. 26; Ni = Nierenmeridian, 27 = der 27. (und letzte) Akupunkturpunkt auf diesem Meridian).

Oben/Unten-Switching
Um festzustellen, ob Switching des Körpers von oben nach unten besteht, wird ein Punkt oberhalb der Oberlippe mit Zeige- und Mittelfingerspitzen berührt und getestet. Der Test wird wiederholt, und dabei wird die Mittellinie unterhalb der Unterlippe berührt. (Abb. 27)

Hinten/Vorne-Switching

Um festzustellen, ob Switching von der Vorder- zur Rückseite besteht, wird der Nabel mit den gleichen Fingerspitzen berührt und getestet. Der Test wird wiederholt, während gleichzeitig das Steißbein berührt wird. (Siehe Abb. 27)

Korrektur

Eine Hand liegt auf dem Nabel, und mit der anderen Hand werden die Berührungspunkte, die die Veränderungen hervorgerufen haben, massiert. Das gleiche wird mit gewechselten Händen durchgeführt. (Diese Korrekturen können sowohl vom Tester als auch von der Testperson selbst vorgenommen werden).

Erklärung

Das Switching-Phänomen zeigt gewöhnlich an, daß die AIZ der dominanten Gehirnhälfte nicht mit dem fertigwerden kann, was sich auf den Wahrnehmungsniveaus von Bewußtsein, Unterbewußtsein oder Körper abspielt. Je näher Sie bei einem Muskeltest der Antwort kommen, desto wahrscheinlicher ist es, daß eine Person switcht.

Switching zu überprüfen ist genau so wichtig wie einen klaren Muskelfunktionskreis sicherzustellen. Bevor mit dem Testen begonnen wird, muß stets zuerst beides überprüft und gegebenenfalls korrigiert werden.

Beachten Sie, daß viele Leute während einer Testsitzung für Switching anfällig sind. Dann wird die Information unzusammenhängend oder widersprüchlich. Wenn die erhaltenen Resultate verwirren, sollte sofort auf Switching geprüft und korrigiert werden.

Unter intensivem Streß wird sich die AIZ der Testperson vielleicht dafür entscheiden, den Funktionskreis, von dem der Indikatormuskel ein Teil ist, zu blockieren. Wenn also plötzlich jeder Test standhält, sollten Sie den Funktionskreis überprüfen.

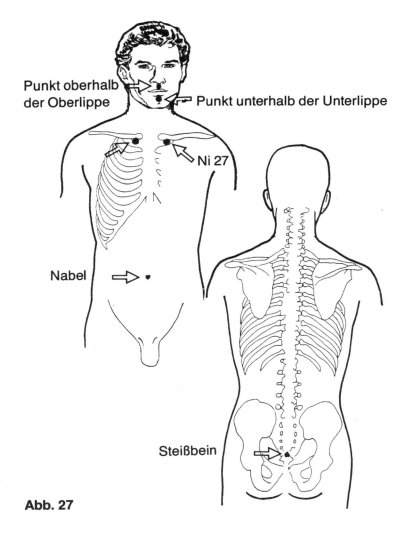

Abb. 27

Zentral-/Gouverneursgefäß:	o.k. – nicht o.k.
(sofort korrigieren)	

Test von Zentral- und Gouverneursgefäß

Definition
Test, der zeigen soll, ob der Energiefluß von Zentral-
und Gouverneursgefäß normal ist.

Test
1. Zentralgefäß: Mit einer Hand über die Körpermitte
   vom Schambein zur Unterlippe streichen, dann
   testen. Der Indikator sollte in Kontraktion und
   Extension standhalten.
2. Umgekehrte Richtung: Sie beginnen bei der Unterlippe und streichen nach unten bis zum Schambein
   und testen danach wieder. Der Indikator sollte in beiden Testpositionen abschalten.
   Die Testergebnisse werden sich umkehren, wenn der
   Fluß auf dem Zentralgefäß nicht normal ist. Schaltet
   also der Indikator bei 1. ab und hält bei 2. stand, ist eine
   Korrektur angebracht. Zuvor sollte jedoch der Fluß auf
   dem Gouverneursgefäß überprüft werden.
3. Gouverneursgefäß: in derselben Testweise wie am
   Zentralgefäß wird jetzt mit der Hand vom Steißbein
   über den Kopf zur Oberlippe gestrichen und getestet.
   Der Indikator sollte standhalten.
4. Umgekehrte Richtung: von der Oberlippe über den
   Kopf zum Steißbein und testen. Der Indikator sollte
   nachgeben.

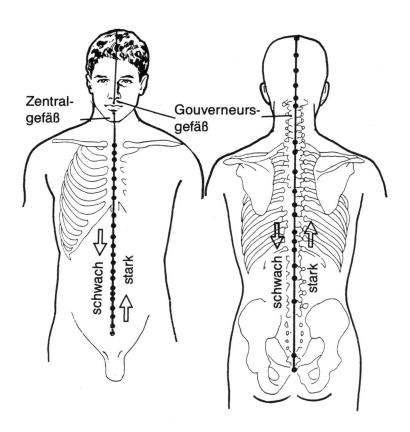

Abb. 28

Die Testergebnisse werden sich umkehren, wenn der Fluß des Gouverneursgefäßes nicht normal ist. Die Korrektur sollte sofort durchgeführt werden.

Korrektur
Der Meridian wird durch mehrmalige rasche Auf- und-ab-Bewegungen im und gegen den Meridianfluß „geflutet". Die letzte Bewegung geht in Flußrichtung und endet an der Ober- bzw. Unterlippe. Die Korrektur wird durch nochmaligen Test überprüft.

Erklärung
Der alten chinesischen Medizin zufolge fließt die Lebenskraft durch feste Bahnen im Körper und hat direkte Beziehung zu lebenswichtigen Phänomenen wie Wachstum, Stoffwechsel, Organ- und Nervensystem- Funktionen.

Diese Energie ist im menschlichen Körper integriert und zeigt sich in Form einer „Essenz". Diese Essenz existiert überall im Universum. Sie ist der Ursprung aller Dinge und die Grundlage des Lebens. In einer Niere existiert sie zum Beispiel als „Essenz der Niere", im Blutkreislauf existiert sie als „Essenz des fließenden Blutes". Diese Essenz erhält den Körper, läßt ihn sich bewegen und leben. Innere Organe und Nervensystem leiden entsprechend, wenn ein Meridian überbeansprucht wird.

Ab jetzt wird mit der Untersuchung fortgefahren, ohne dabei weitere Korrekturen vorzunehmen.

Kapitel 5

Identifizierung legasthenischer Lernstörungen: Die Untersuchung (2. Teil)

Anforderungen: von anderen _____%
an andere _____%   selbst _____%

Wenn „Anforderungen" Streß verursachen

Definition
Ein Test, um den Prozentsatz der Negativen Emotionalen Ladung festzustellen, die sich bei dem Zwang, Leistungsanforderungen zu entsprechen, aufbaut.

Wie durch den Muskeltest demonstriert wurde, hemmt Negative Emotionale Ladung motorische Fähigkeiten und senkt die Energie. Die Anforderungen vor einer Prüfung, sei es in Studium, Sport, Beruf, in Beziehungen oder im Leben selbst, können dazu führen, daß allein durch sie genug Negative Emotionale Ladung ausgelöst wird, um den Betreffenden verlieren zu lassen. Zum Beispiel: „Um nicht durchzufallen, mußt Du 80 von 100 Fragen beantworten oder 10 von 12 Rechenaufgaben lösen oder 30 von 35 Worten richtig schreiben." Solche Anforderungen können genügend Streß aufbauen, um die Erinnerungen zu blockieren und/oder die körperliche Leistung zu vermindern.

Anforderungen sind ein wichtiges Thema, ganz egal, wie sie gestellt werden, ob von anderen oder von Ihnen selbst, an Sie oder an andere. Die Identifizierung und Entschärfung der damit verbundenen Negativen Emotionalen Ladung führt zur Verbesserung von Fähigkeiten und Energie bei jeder Art von Wettbewerb.

Der Prozentsatz der Negativen Emotionalen Ladung wird in 10er Abständen von 0 bis 100 getestet.

Beispiel:

Sagen Sie „0 bis 10" und testen Sie; „10 bis 20" und testen ... Sobald der Indikator nachgibt, sind Sie über den spezifischen Prozentwert hinaus und testen von der höchsten Zahl in Einerschritten rückwärts. Angenommen, der Indikator gab bei „80 bis 90" nach, dann beginnen Sie bei „90" (testen), „89" (testen), „88" (testen) ..., bis Sie zur zutreffenden Zahl gelangen, die sich durch Standhalten des Muskels zeigt.

Test

1. Sagen Sie Ihrer Testperson, daß Sie den Prozentsatz der Negativen Emotionalen Ladung testen, die sie aufbaut, wenn *andere* Anforderungen an sie stellen. (Geben Sie hierzu eventuell ein Beispiel.) Dann testen Sie in Zehnerschritten, bis der Indikator nachgibt, und dann von der höchsten Zahl in Einerschritten zurück, bis der Indikator standhält. Die Prozentzahl wird im Feld „von anderen" auf dem Testblatt notiert.

2. Fragen Sie die Testperson, worin sie gerne ihren eigenen Anforderungen entsprechen würde (Sport, Kunst, Schreiben, Hobby usw.). Wenn das festgestellt ist, sagen Sie Ihrer Testperson, daß Sie die Prozentzahl der Negativen Emotionalen Ladung herausfinden wollen, die sie hat, wenn sie Anforderungen *an*

sich selbst stellt, und testen Sie „0 bis 10" usw., bis der Indikator nachgibt, dann zurück von der höchsten Zahl in Einerschritten, bis der Indikator durch Standhalten die entsprechende Prozentzahl bestätigt, die Sie in das Feld „selbst" eintragen.

3. Stellen Sie einen Bereich fest, in dem die Testperson Anforderungen *an andere* stellt. (Bereits kleine Kinder kennen dies, z.B. wenn sie sich um jüngere Geschwister kümmern oder wenn sie als „Autorität" in einem Spiel oder einer Sportart auftreten, egal wie jung die Mitspieler sind.) Sobald ein Stichwort gefunden ist, sagen Sie: „Wir testen jetzt auf die Prozentzahl der Negativen Emotionalen Ladung, wenn Sie Anforderungen an andere stellen."

Sie gehen wie beschrieben vor, von „0" aufwärts in Zehnerschritten, bis der Indikator nachgibt, dann rückwärts, bis er standhält. Diese Zahl wird in das Feld „an andere" eingesetzt.

Beachte:

Manche Leute haben 0 % Negative Emotionale Ladung zu einem oder mehreren der Themen. Wie auch immer, wenn der Indikator nicht nachgibt, oder falls ein Testergebnis unangemessen, unwahrscheinlich, unsicher oder einfach seltsam erscheint, überprüfen Sie, ob noch ein klarer Funktionskreis vorliegt. Blockieren und Switching gehen oft Hand in Hand mit negativen Gefühlen.

Prozentsatz der Negativen Emotionalen Ladung
Der Prozentsatz der Negativen Emotionalen Ladung wird für alle Themen, die im Entschärfungsprozeß auftreten, festgestellt. Dies hilft uns zu erkennen, wieviel Streß mit dem jeweiligen Thema verbunden ist – ebenso gilt es, auf positive Veränderungen zu achten, wenn die Prozentzahl der Entschärfung auf 0 sinkt.

Erklärung

In *SOCIOBIOLOGY* erklärt Wilson: „Der hypothalamisch-limbische Komplex belegt das Bewußtsein mit Ambivalenz, sobald die körperliche Organisation einer Streßsituation ausgesetzt ist." Diese Ambivalenz vervielfältigt sich über die Jahre und verwandelt sich in Reaktionsmuster, die zwar Überleben zum Ziel haben, jedoch auf Negativer Emotionaler Ladung basieren.

Hinsichtlich Lernstörungen muß man sich nur einmal kleine Kinder an ihrem ersten Schultag vorstellen. Schon bevor sie die Schule betreten, sind sie im Streß durch das Fortsein von zu Hause und den Eltern sowie durch die Anwesenheit von Erwachsenen, die sie jederzeit mit willkürlichen Maßstäben messen können. Man stelle sich nur einmal die Angst, den Schmerz und die Angst vor Schmerz vor, unter der sie stehen, bevor der formale Lernprozeß überhaupt beginnt. Kein Wunder also, daß ihre kleinen Gehirne abschalten, ihre Augen nicht sehen, was sie nicht sehen wollen, und ihre Ohren abblocken, was sie nicht hören wollen. Sofort fangen sie an, sich körperliche Beschwerden auszudenken, um nicht an Prüfungen teilnehmen zu müssen, von denen eine die Schule selbst ist, ganz zu schweigen von Lehrern, die sie nicht leiden können.

„Ich fühle mich heute nicht gut und möchte zu Hause bleiben." Wie oft wird irgendeine Form dieser Standardausrede benutzt, um an etwas Unangenehmem vorbeizukommen.

Da diese kindlichen emotionalen Reaktionen zu AIZ-Kommandos werden, werden Sie beim Testen des Prozentsatzes an Negativer Emotionaler Ladung entdecken, auf welche Art spezifische Stressoren als ein Resultat kindlicher Entscheidung den Körper beeinflussen. Solche Entscheidungen bleiben wirksam, bis die damit verbundenen negativen Gefühle entschärft werden, und zwar nicht nur in der Gegenwart, sondern auch in der Vergangenheit, zu dem Zeitpunkt, als sie zum ersten Mal auftraten. Wird nur die Gegenwart entschärft, bleibt die Vergangenheit trotzdem aktiv.

	Lesewahrnehmung		
vorwärts lesen	stark K-E	schwach K-E
rückwärts lesen	stark K-E	schwach K-E
leise lesen	stark K-E	schwach K-E
Lese-Verständnis	stark K-E	schwach K-E
Alphabet aufsagen	stark K-E	schwach K-E

Lesewahrnehmungstest

Definition
Testreihe, die aufzeigen soll, wieviel Streß mit dem Lese-
vorgang und der Lesewahrnehmung verbunden ist.

Test
Jede der folgenden fünf Fähigkeiten wird als separate
Kategorie getestet.

Dieser Test unterscheidet sich von den üblichen Muskeltests insofern, als die Testperson länger lesen wird.
Während der ganzen Zeit wird mit dem Indikatormuskel Kontakt gehalten. Sobald die Person zu lesen
beginnt, wird Druck ausgeübt. Sobald der Indikator
nachgibt, hören Sie auf zu drücken, halten aber weiterhin Kontakt. Der Muskel wird dann wieder in der Testposition stabilisiert, solange die Person liest. Abwechselnd wird getestet und stabilisiert.

1. Laut vorwärts lesen lassen, dabei testen.

2. Laut rückwärts lesen lassen, dabei testen.

3. Leise lesen lassen, dabei testen.

4. Lesewahrnehmung: laut lesen lassen, danach Feedback zu dem gerade Gelesenen geben lassen, dabei testen.

5. Alphabet: Buchstabe für Buchstabe aufsagen lassen, und testen. In dieser Weise wird das gesamte Alphabet durchgegangen. Die Buchstaben, die den Indikator nachgeben lassen, werden notiert.

Erklärung
Der Prozeß des Sehens resultiert aus Milliarden von Nervenimpulsen, die zu den Sehzentren des Gehirns geleitet werden. Außerdem gehen andere Nervenimpulse von der Netzhaut zu Gehirnbereichen, die mit dem physischen Prozeß des Sehens zu tun haben, wie zum Beispiel mit der Bewegung der Augen, des Kopfes, des Nackens und des Körpers, – hinzu kommen andere Bereiche, die das Auge auf Gehörtes ausrichten, die Größe der Pupille in Abhängigkeit von der Helligkeit regeln oder die Wölbung der Linse verändern.

Wenn Sie jemandem etwas geben und dazu sagen: „Schau das an!", können Sie sehen, wie sich die Augen nach innen und unten bewegen und wie sich die Pupillen zusammenziehen. Die Koordination von Tausenden von Körper-Gehirn-Funktionen macht Wahrnehmung möglich. Die Komplexität dieser Fähigkeit wird begreifbar, wenn man die anderen Körper-Gehirn-Aktivitäten dazunimmt, die mit Lesen, Verständnis und Erinnerung zu tun haben, und dann noch den Streß bedenkt, den diese Aktivitäten verkörpern können.

(Korrektur auf Seite 164)

Zahlen 0–9   OK   NEIN   Kont.   OK   NEIN   Extn.

Test für die Auffassung von Zahlen

Definition
Test, der aufzeigen soll, ob und wie sehr das System durch Zahlen gestreßt wird.

Test
Die Vorgehensweise ist die gleiche wie beim Testen des Alphabetes, nur daß diesmal die Zahlen von 0 bis 9 getestet werden. In dieser, wie bei allen anderen Untersuchungskategorien, wird jeweils in Kontraktion und Extension getestet, und alle Unterschiede werden notiert.

Erklärung
Die Verarbeitung von Zahlen erfolgt in einem anderen Teil des Gehirns als die Verarbeitung von Worten. Diese Region ist in der dominanten Gehirnhälfte (gewöhnlich der linken) zwischen den Zentren für Sprachorganisation und visueller Wahrnehmung, was bedeutet, daß sowohl verbale als auch visuelle Symbole in mathematisches Denken einfließen. Da dieser Prozeß außerhalb der Sprachzentren angesiedelt ist, kommt es vor, daß Kinder sehr begabt in Mathematik sind, aber weder lesen noch buchstabieren oder schreiben „können". Eine für sie selbst, ihre Eltern und Lehrer sehr verwirrende Tatsache.

(Korrektur auf Seite 170)

106

Überqueren der Mittellinie
L Mittellinie R (Kont.) L Mittellinie R (Extn.)

Überqueren der Mittellinie: Verständnis/Merkfähigkeits-Test

Definition
Test, um legasthenisch gestörte Wahrnehmung des geschriebenen Wortes festzustellen, eine Wahrnehmungsstörung, die sowohl Verständnis als auch Merkfähigkeit beeinflußt.

Test
Folgender Test dient der Feststellung, ob die Augen beim Überqueren der Mittellinie „kurzschließen":
1. Die Testperson schreibt ein oder zwei Sätze auf eine Tafel oder ein Blatt Papier. Kinder, die noch nicht schreiben können, läßt man ein Bild zeichnen. Beides führt zu den gleichen Ergebnissen.
2. Beide Arme werden jeweils in Kontraktion und Extension getestet, während die Testperson zuerst nur auf das linke Drittel, dann nur auf das mittlere Drittel und zuletzt nur auf das rechte Drittel des Geschriebenen schaut. Alle Indikatorschwächen werden auf dem Testblatt notiert.

Erklärung
Unser Gesichtsfeld hat etwa 180°. Jedes Auge sieht etwa 120° mit einer Überlappung auf der Mittellinie von etwa 60°. Obwohl beide Gehirnhälften die Informationen von beiden Augen erhalten, wird die linke Hälfte

aktiviert, wenn wir nach rechts schauen, mit dem rechten Auge als leitendem. Die rechte Gehirnhälfte wird aktiviert, wenn wir nach links schauen, mit dem linken Auge als leitendem. Das Gebiet um die Mittellinie sollte das Gebiet sein, wo die von beiden Gehirnhälften aufgenommenen Bilder zusammenfließen. Ohne diesen Zusammenfluß kann das, was von einem Auge (einer Gehirnhälfte) wahrgenommen wird, von dem anderen Auge (der anderen Gehirnhälfte) aufgehoben werden. Die Folge ist, daß Gelesenes nicht verstanden wird, da kein ganzer Abschnitt der gedruckten Seite gesehen werden kann. Und es gibt keinen Grund, sich etwas zu merken, was man nicht verstanden hat.

Zur Erklärung solcher Aufnahmestörungen hier einige wichtige *Hintergrundinformationen*:

Die Gehirnhälften funktionieren als zwei separate Systeme, jedes mit seiner eigenen Fähigkeit zu lernen, sich zu erinnern, mit eigenen Gefühlen und Verhaltensweisen. Neurologen haben den WADA-Test entwickelt, eine Technik, die es erlaubt, eine Gehirnhälfte in Tiefschlaf zu versetzen, während die andere wach bleibt. Ziel dieses Tests ist festzustellen, ob die angeblich für Sprache dominante Gehirnhälfte auch tatsächlich dominant ist, bevor zum Beispiel größere neurochirurgische Eingriffe vorgenommen werden.

Beschreibung einer solchen Untersuchung:

Die linke Gehirnhälfte einer Testperson wurde anästhesiert. Während die rechte Seite bewußtlos und unbeweglich ist, ist die linke fähig, sich zu bewegen, da die rechte Gehirnhemisphäre wach ist. Der Person wird mit der

Aufforderung, sich später an ihn zu erinnern, ein Löffel in die linke Hand gegeben und nach 30 Sekunden wieder weggenommen. Einige Minuten später, wenn die Betäubung nachläßt und die Testperson gefragt wird, was in ihrer linken Hand gewesen sei, ist sie erstaunt und leugnet, irgend etwas in ihrer linken Hand gehabt zu haben. (Dies ist meist die erste Antwort von Personen, die in dieser Weise getestet werden.) Wird anschließend eine Reihe von Objekten gezeigt, unter anderem auch ein Löffel, kommt sofort die Antwort der Testperson: „Natürlich, der Löffel".

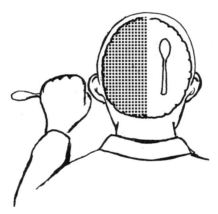

Abb. 29

Ein derartiger Test zeigt, daß wir Informationen aufnehmen können und fähig sind, sie in der einen Gehirnhälfte, die sich durch Bewegung verständlich machen kann, zu speichern, während die Information zur gleichen Zeit in der anderen, für Sprache zuständigen Gehirnhälfte, nicht verfügbar ist.

Beim Lesen und Schreiben bewegen sich die Augen von links nach rechts, und dabei überqueren sie einen

Mittelpunkt. Wenn ein legasthenischer Mensch diesen mittleren Bereich erreicht, kommt es meist zu einem Wahrnehmungskonflikt zwischen beiden Gehirnhälften. Links/dominant sollte übernehmen, während rechts/nicht-dominant weiterhin die visuelle Information übermittelt.

Wenn dies, aus welchem Grund auch immer, nicht passiert, entsteht praktisch Blindheit im Bereich der Mittellinie. Wenn sich das Gehirn „kurzschließt", erhalten die Augen nur ungenügende visuelle Stimulation, die nicht ausreicht, klare, vom Zentralnervensystem kontrollierbare Impulse auszulösen, was zum Abblokken der gesamten Nachricht führt.

Während die neuesten Bücher über Gehirnforschung dahingehend übereinstimmen, daß das Gehirn aus zwei Hälften besteht, ging der berühmte Metaphysiker Gurdjieff von drei schulungsfähigen Gehirnen aus. Diese Schulung kann generalisiert werden, so daß Studenten in der Lage sind, ihre geistigen Fähigkeiten in einer Weise zu entwickeln, daß der größte Teil des Lernens extrem erleichtert wird. Wahrscheinlich entspricht Gurdjieff's „drittes Gehirn" der Mittellinienfunktion: der exakten Wahrnehmung und Integration sowohl des Ganzen als auch der Teile.

Eine Beobachtung, die Sie vielleicht prüfen sollten, um der Testperson bei der Erkennung legasthenischer Handschrift zu helfen: ein Mittellinien-„Kurzschluß" führt oft zu akkurater Handschrift auf einer Seite des Blattes und mäßiger Schrift auf der anderen. Oder die Schrift wird auf der einen Seite oder in der Mitte dünner.

(Korrektur auf Seite 172)

Kurzgeschlossene Augen	
Geöffnete Augen	(links, rechts, oben, unten, Mitte)
Geschlossene Augen	(links, rechts, oben, unten, Mitte)
Geöffnete Augen	(nah, auf Armlänge, weit weg)
Augen 20mal hin und her bewegen	

Augen-Kurzschluß-Test

Definition

Test, um Bewegungen und Fokussierfunktionen des Auges herauszufinden, die Streß produzieren.

Test

1. *Mittellinie:* Während die Person geradeaus schaut, wird ihr dominanter Arm in Kontraktion und Extension getestet. Der Test wird wiederholt, während die Testperson die Augen geschlossen hat.

2. *Rechts/links/oben/unten:* Während die Testperson soweit wie möglich nach rechts schaut, ohne den Kopf zu bewegen, wird getestet. Der Vorgang wird wiederholt mit so weit wie möglich nach links gewandten Augen, mit Blick nach oben und nach unten, jeweils ohne den Kopf zu bewegen. Jede Blickrichtung wird separat getestet. Danach werden alle vier Augenpositionen mit geschlossenen Augen getestet.

3. *Nah/Fern-Fokussierung:* Ein Stift oder besser eine Taschenlampe wird einmal 30 cm von den geöffneten

Augen entfernt und einmal in Armlänge gehalten und der Indikatormuskel jeweils getestet.

4. *20mal hin und her:* Stift oder Lampe 20mal vor den Augen hin- und herbewegen, während die Augen folgen, und danach testen. (Entspricht etwa einer halben Stunde lesen).

Alle Veränderungen des Indikators, sowohl in Kontraktion als auch in Extension, werden auf dem Testblatt notiert. Sollte der Indikator nachgegeben haben, liegt ein Augen-„Kurzschluß" vor.

Erklärung
Die AIZ der dominanten Gehirnhälfte interpretiert unsere offenen Verhaltensweisen ebenso wie unsere mehr verdeckten emotionalen Reaktionen; sie konstruiert Theorien, die diese Verhaltensweisen rechtfertigen sollen, und tut dies, weil das Gehirn in allen Verhaltensweisen konsequent sein muß. Dieser Zusammenhang zeigt, wie wichtig das, was wir tun oder lassen, für unser Selbstbild und für unsere Selbsteinschätzung ist. (Selbstbild und Selbsteinschätzung sind beide vom einzelnen aufgestellte Theorien.) Wenn wir also schlecht lesen, finden wir Rechtfertigungen dafür.

Es stimmt, daß Lesen auf Grund der ständigen Hin- und-her-Bewegung die Augenmuskeln schwächen kann. Es ist auch wahr, daß Müdigkeit, schlechte Beleuchtung, schwache Augenmuskulatur und Streß zu den offensichtlichen Faktoren gehören, die zu Ausfällen beim Lesen oder zu Sehstörungen führen können. Aber

112

Augen-Kurzschluß-Test

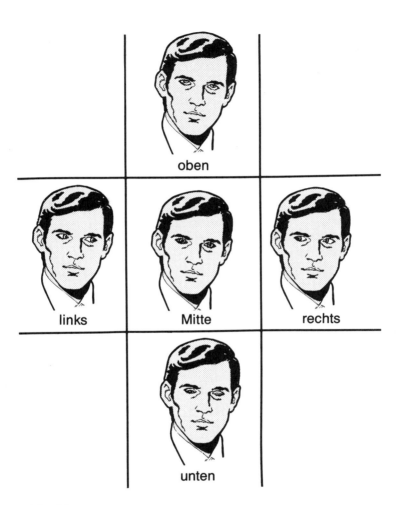

Abb. 30

die weitaus wesentlicheren Faktoren scheinen emotionale Stressoren zu sein, die sich zur Zeit des Lesenlernens ins System eingeschaltet haben. So, wenn uns unsere Schulfreunde wegen unserer Langsamkeit, „Dummheit" oder Unfähigkeit in der Schule ausgelacht haben. Oder Lehrer und Eltern, die uns bestraft haben, wenn wir nicht so gut gelesen haben, wie wir es ihrer Meinung nach hätten tun sollen.

Vielleicht haben wir auf Grund spezifischer emotionaler Stressoren herausgefunden, daß ein physischer Zustand, der Lesen schwierig macht, die beste Rechtfertigung für ein Versagen beim Lesen ist. Wie kann diese Beschränkung besser und kreativer erreicht werden, als mit einem unterbewußten Kurzschluß der Augen oder mit einem „blinden Fleck" auf der Mittellinie? Dies würde nicht nur ein echtes physisches Problem unter Streß hervorrufen, sondern man könnte auch nicht wirklich dafür verantwortlich gemacht werden, da eine klinische Diagnose dieses Zustandes hinsichtlich des Grundes kaum möglich ist.

Ob gewollt oder nicht, kann, wer als Kind nur langsam lesen gelernt hat, diese Verhaltensweise über viele Jahre beibehalten, um die Rechtfertigung seines Selbstbildes als Kind zu unterstützen. Es klingt (und ist auch objektiv gesehen) weder nützlich noch sinnvoll noch positiv noch produktiv. Aber die AIZ besitzt auch keine Objektivität.

(Korrektur auf Seite 168)

114

| Kurzgeschlossene Ohren: | links | rechts | beide |

Ohren-Kurzschluß-Test

Definition
Test, der zeigen soll, daß verbale Informationen unter
Streß nur schwer verstanden werden.

Test
Getestet wird in Kontraktion und Extension, einmal
mit nach rechts gedrehtem Kopf, danach mit nach links
gedrehtem Kopf. Ein Nachgeben des Indikators (in
einer oder beiden Richtungen) bedeutet, daß die Ohren
„kurzgeschlossen" sind.

Erklärung
Wir wissen, daß das linke Ohr zur rechten und das
rechte Ohr zur linken Gehirnhälfte gehört. Stellen Sie
sich ein Kleinkind vor, das ruhig und gesättigt daliegt,
nachdem es seine Flasche ausgetrunken hat. Bevor es in
Schlaf fällt, gurgelt und plappert das Baby, gibt frühe
Sprachmuster von sich, während Kopf und Augen sowie
die Arme nach einem Geräusch oder einer schnellen
Bewegung hin ausgerichtet werden. Mit zunehmendem
Alter wird es auf Objekte zeigen oder sie ansehen, mit
etwa zwei Jahren sie sogar benennen. In jedem Fall
kommt vor dieser „Benennung" das Geplapper oder
eine einfache motorische Reaktion, die in 80 % der
Fälle nach rechts geht. Daraus folgert Marcel Kinsbourne, daß das für frühe Sprache verantwortliche
motorische Muster, eine von der linken Gehirnhälfte

115

kontrollierte rechtsdrehende Bewegung, ebenso für die bessere Entwicklung der Sprache in der linken Seite des Gehirns verantwortlich sein kann. Mit anderen Worten, Sprache ist ein Ausdruck motorischen Verhaltens und wahrscheinlich eng damit verbunden.

Studien, bei denen unterschiedliche Botschaften an jedes Ohr gesandt wurden, um herauszufinden, welches Ohr hinsichtlich verschiedener Geräusche überlegen ist, zeigten bei fünf Wochen alten Kindern eine Überlegenheit des rechten Ohrs bei Geräuschen. Im Falle von Sprache reagierten sogar erst 24 Stunden alte Säuglinge. Diese Reaktionen fanden in den Sprachaufnahmezentren der linken Gehirnhälfte statt. Bei nichtsprachlichen Geräuschen wurde die Aktivität in der rechten Gehirnhälfte verzeichnet.

Bei der Erforschung, welche Gehirnhälfte am meisten mit Sprache zu tun hat, läßt man Versuchspersonen auf beiden Ohren gleichzeitig zwei verschiedene Worte hören. Werden nacheinander mehrere Wortpaare gegeben, so können nicht alle wiedergegeben werden; die meisten Rechtshänder können jedoch diejenigen Worte besser wiedergeben, die sie mit ihrem rechten Ohr gehört haben. Dies scheint mit der Tatsache zusammenzuhängen, daß Signale vom rechten Ohr, obwohl sie an beide Gehirnhälften geleitet werden, vorzugsweise zunächst an die die Sprache kontrollierende linke gesandt werden.

Personen, deren Sprache von der rechten Gehirnhälfte gesteuert wird (was jedoch selbst bei Linkshändern selten ist), neigen dazu, das mit dem linken Ohr

Gehörte besser wiederzugeben. Für das linke, der rechten Gehirnhälfte zugehörige Ohr, ist Musik das bevorzugte Signal.

Soviel von der Seite der Forscher.

Sehen wir uns die Situation jetzt einmal aus einem symbolischen Blickwinkel an und denken wir dabei zunächst an die grundlegenden, wesentlichen Aufgaben jeder Gehirnhälfte.

Die dominante Gehirnhälfte will Kontrolle, Sicherheit und Überleben mit möglichst wenig Angst, Schmerz oder Angst vor Schmerz. Eine Bedrohung wird wahrscheinlich Streß hervorrufen und dieser wiederum blinde Flecken.

Wird man angebrüllt, hört man einen haßerfüllten oder Angst hervorrufenden Tonfall, hört man etwas, „was man nicht hören will", oder hört nicht, was man hören will, tritt Streß auf. Der Kurzschluß eines oder beider Ohren wirkt in diesem Moment so, als ob man taub wäre. Die dominante Gehirnhälfte wird diesen Prozeß automatisch einleiten, wenn dadurch das Überleben des Selbstbildsystems sichergestellt wird.

Was würde wohl das Ohr der nicht-dominanten Gehirnhälfte kurzschließen? Mehr als wahrscheinlich wird es die dominante Hemisphäre sein, die die ankommenden kreativen Bilder unterdrückt, jene Bilder, die fremd (und daher bedrohlich) für das Überleben der AIZ sind. Möglicherweise kann das auch eine Form der Selbstverleugnung in Bezug auf die eigene Kreativität sein. Denken Sie einmal darüber nach!

(Korrektur auf Seite 169)

Fixierung OK Nein Kont. OK Nein Extn.

Fixierungstest

Definition
Test, um die Wirkung von Streß auf strukturelle und endokrine Aktivität, insbesondere auf lichtempfindliche Drüsen, festzustellen.

Test
Die Testperson schaut auf ein Stück schwarzes Papier, das ihr in ca. 30 cm Entfernung vor die Augen gehalten wird; dabei wird der Indikatormuskel sowohl in Kontraktion als auch in Extension getestet.

Erklärung
Da der Körper als Ganzheit funktioniert, beeinflußt jede seiner Komponenten das gesamte System. Und da das Bewußtsein auch jenseits der Haut (als Grenze des Körpers) existiert, beeinflussen Stimuli aus der Umwelt nicht nur einzelne Körpersysteme, sondern bis zu einem gewissen Grad alle. Jedermann weiß, daß die Luftqualität das menschliche System beeinflußt. Für Licht gilt das gleiche.

Licht beeinflußt mehr als den visuellen Prozeß, der wiederum alle anderen Funktionen beeinflußt. Licht und Dunkel haben auch direkte Auswirkungen auf das endokrine System, insbesondere auf Hirnanhang- und Zirbeldrüse.

Die vom endokrinen System produzierten Hormone beeinflussen durch ihre Wirkung auf Nerven und

Organe das Wachstum und das Funktionieren des Körpers. Das Netz von Drüsen hat überall im Körper Schlüsselzentren, von Hirnanhang- und Zirbeldrüse als strukturelle Erweiterungen des Gehirns bis zu den Eierstöcken und Hoden im Unterleib. Dabei hat die Hirnanhangdrüse leitende Funktionen und kontrolliert das ganze Drüsensystem.

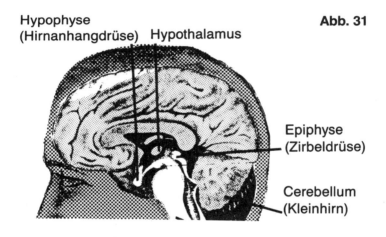

Abb. 31

Hypophyse (Hirnanhangdrüse)
Hypothalamus
Epiphyse (Zirbeldrüse)
Cerebellum (Kleinhirn)

Die Hirnanhangdrüse stellt eine Verlängerung des Gehirns und des Hirnstammes dar. Sie befindet sich unterhalb der Gehirnhälften vor dem Hirnstamm oberhalb des Gaumens in einer Linie mit der Nasenwurzel. Sie besitzt besondere Zellen, die elektrische Signale aus vielen Gehirnbereichen in hormonale Signale umwandeln, um den Rest des endokrinen Systems zu aktivieren.

Formatio reticularis, Hypothalamus und Hirnanhangdrüse bilden eine Kombination, die man als „Programmier-Zentrum für Streßreaktionen" des ganzen

Körper bezeichnen könnte. Die an der Spitze des Hirnstammes liegende Formatio reticularis sammelt die gesamte Nervenaktivität des Körpers. Ihre Neuronen reagieren auf Stimulation der Berührungsrezeptoren in der Haut, der Lautrezeptoren in den Ohren, der Lichtrezeptoren im Auge und der chemischen Rezeptoren im Magen. Der Hypothalamus (oberhalb der Formatio reticularis) hat mit instinktiven Reaktionen auf Anti-Überlebens-Stimuli zu tun.

Die Zirbeldrüse, eine weitere lichtempfindliche Drüse, ist für den hinteren Hirnstamm, was die Hirnanhangdrüse für den vorderen Hirnstamm ist: eine natürliche Erweiterung von Gehirn und Hirnstamm. Ihr Name kommt von ihrer Form, die einem Zapfen ähnelt. Obwohl kleiner als die Hirnanhangdrüse, hat die Zirbeldrüse sehr viele Nervenverbindungen zur Netzhaut der Augen. Ihre Zellfunktion verbindet die Eigenschaften von Nervenzellen und von Epithelzellen, jenen Zellen, die die internen und externen Körperoberflächen bedecken.

Die Zirbeldrüse ist am Wachstum in der Kindheit beteiligt und, bis zu einem gewissen Grad, an der Sexualität. Kaum verwunderlich, zieht man die Stressoren des kindlichen Lernprozesses in Betracht, daß diese Drüse zu verkümmern beginnt, wenn ein Kind eingeschult wird (Alter 5 – 6), – im gleichen Alter, in dem für viele „das Licht des Lernens" ausgeht und die „Dunkelheit der Legasthenie" beginnt. Beim Erwachsenen ist die Zirbeldrüse so weit verkümmert, daß sie bei den meisten Menschen weniger als ein Drittel ihrer ursprünglichen Größe hat.

Zur Erinnerung: Licht existiert im Inneren genauso wie außen. Der Lichtblitz, der bei der Stimulierung der ZBAD wahrgenommen wird, beweist dies; ebenso wie sich auch die Pupille auf Grund von Emotionen zusammenzieht oder erweitert, nachdem sich das Auge an das zur Verfügung stehende äußere Licht gewöhnt hat.

Außerdem hat bei den meisten Menschen Dunkelheit mit gesteigerter Anspannung zu tun. Das Fehlen von Licht benachteiligt uns in der visuellen Wahrnehmung, unserem am besten ausgebildeten Sinn. Kaum ein Horrorfilm im Kino spielt bei hellem Tageslicht. Genauso ist es mit den Gedanken. Viele schmerzhafte Erfahrungen werden mit Worten beschrieben wie „ein dunkler Abschnitt meines Lebens" oder „eine finstere Stimmung" oder „ich tappe völlig im Dunkeln" oder „etwas liegt völlig im Dunkeln". Wenn wir mit einem Schock oder Schmerz konfrontiert werden, der zu stark ist, als daß wir uns damit auseinandersetzen können, geraten wir in einen „Blackout", werden bewußtlos – wiederum ein Abstieg in die Dunkelheit. Und schließlich: „Das Tal der Schatten"; Tod und Dunkelheit sind unlösbar verbunden, das Licht ist für immer aus.

Eine Vorschau auf kommende Attraktionen: die Korrekturmethode für „Fixierung" ist Licht.

Interessanterweise ist innerhalb einer 24-Stunden-Periode die Produktion von Streßhormonen (ACTH) eng mit dem Wechsel von Licht und Dunkel verbunden. Der Ausstoß dieser Hormone verändert sich beträchtlich, am Ende der Dunkelheit ist er am geringsten.

Gelegentliche helle Lichtstrahlen lösen eine ganze Flut von Wellen im Gehirn aus, die schon fast die Frequenz des Alpha-Rhythmus haben. J.S. Barlow an der MIT fand heraus, daß die durch einen hellen Lichtstrahl hervorgerufene plötzliche Entladung einer großen Anzahl von Neuronen in der visuellen Großhirnrinde in der Lage ist, das gesamte System in Schwingung zu versetzen.

Fixierung bedeutet u.a.: „ein fester, unbeweglicher Zustand". Werden die Augen nicht durch ständige Bewegung angeregt, werden sie praktisch blind. (Wenn Sie zum Beispiel irgend etwas sehr lange anstarren, werden Sie nach einiger Zeit weder dasjenige noch irgend etwas anderes sehen.)

Der Prozeß des Lesenlernens kann unter streßreichen Umständen so traumatisch sein, daß das Kind ein Wort oder sogar einen Buchstaben des Alphabets solange anstarrt, bis im neurologischen System eine Blindheit gegenüber diesem Wort oder diesem Buchstaben eintritt.

Wenn das Auge durch Angst, Schmerz oder Angst vor Schmerz an einem Objekt festhält, frieren auch die anderen Körpersysteme ein. Das Resultat ist das, was wir Fixierung nennen. Dunkelheit hat das Licht ersetzt.

(Korrektur auf Seite 185)

122

Überkreuz-Muster	OK-NEIN Kont.	OK-NEIN Extn.
X (sollte stark testen)	OK-NEIN Kont.	OK-NEIN Extn.
II (sollte schwach testen)	OK-NEIN Kont.	OK-NEIN Extn.

Überkreuz-Muster

Definition
Test zur Feststellung von Blockierungen des neurologischen Flusses zwischen den beiden Gehirnhälften.

Test
Im folgenden Testablauf werden der Quadrizeps und zwei beliebige andere Indikatoren mit klarem Funktionskreis in Kontraktion und Extension getestet.

Test für Bewegungskoordination
1. Die Testperson läuft auf der Stelle und bewegt dabei Arme und Beine kontralateral und überquert mit den Händen die Mittellinie. Beim anschließenden Muskeltest sollten die Indikatoren standhalten.
2. Die Testperson läuft auf der Stelle und bewegt dabei Arme und Beine jeweils auf der gleichen Seite. Die Indikatoren sollten im anschließenden Test nachgeben.
Notieren Sie die jeweiligen Ergebnisse auf dem Testblatt.

Test für visuelle Wahrnehmung
Während Sie einen Indikatormuskel testen, schaut die Testperson auf ein großes X, das auf eine Tafel oder ein Stück Papier gezeichnet wurde. Der Indikator sollte standhalten.

Zeichnen Sie zwei senkrechte Parallelen und lassen Sie die Testperson daraufschauen. Dabei sollte der Indikator nachgeben.

Wenn der Indikator bei beiden Tests standhält, führen Sie die Korrektur ebenso durch. Anschließend sollte der Indikator wie angegeben anzeigen. Weiterhin durchgängig starke Testergebnisse können auf ein Problem mit der Gehirndominanz hinweisen, nämlich daß beide Gehirnhälften die Oberhand über die jeweils andere erlangen wollen. Wenn eine der Gehirnhälften „eingeschaltet" ist, sollte die andere Gehirnhälfte folgen oder sie unterstützen.

Erklärung

Auslösung und Kontrolle von Bewegungsabläufen gehören zu den komplexesten Funktionen des Nervensystems und erfordern die Zusammenarbeit großer Teile des Gehirns. Der Körper stützt sich selbst gegen die Schwerkraft, hält das Gleichgewicht, die Bewegungen der Gliedmaßen müssen gelenkt werden usw. Da jede Bewegung ein „Hin- oder Weggehen" zu oder von einem angenehmen oder unangenehmen Objekt einschließt, nehmen sowohl die Augen als auch jeder andere Sinn daran teil.

Im menschlichen Fötus ist der am frühesten funktionierende Teil des Gehirnes für die Koordination verantwortlich. Seine Aktivität beginnt noch vor der 16. Woche. Während die Entwicklung fortschreitet, arbeitet der Körper von innen nach außen und von außen nach innen, um für adäquate Stimulation dieses Teils des Gehirnes zu sorgen. Interessanterweise sind die

Bewegungen während dieses Lebensabschnittes gleichseitig, d.h. jeweils Arme und Beine der gleichen Seite werden bewegt, und das Kind wird auch mit dieser Tendenz geboren. Den Grund hierfür haben die Forscher noch nicht ermitteln können. Da im infantilen Gehirn beide Hälften gleichwertig sind, ist jedoch anzunehmen, daß die jeweils aktive Gehirnhälfte auch die Bewegung der ihr zugehörigen Körperseite steuert.

Nach der Geburt wird dieses Muster durch verschiedene Stufen körperlicher Aktivität hindurch beibehalten. Greifen und Strecken werden gefolgt von gleichseitigen Bewegungen, anschließend vom Überkreuzbewegungsmuster, wahrscheinlich parallel zur Entwicklung der eindeutigen Dominanz einer Gehirnhälfte. Die Überkreuzbewegungen zeigen die eigentliche Kooperation und Balance zwischen den Gehirnhälften, und der Transfer von Homolateral- zu Überkreuzbewegungen ist der Beweis dieser Gleichheit.

Sollte bei einem Kind dieser Transfer zum Überkreuzbewegungsmuster nicht stattfinden, können sich geistige und physische Koordinationsprobleme entwickeln. Sicherlich würden sie einem legasthenischen Zustand gleichen und/oder in einem solchen Zustand resultieren. Kinder, die nie gekrabbelt, sondern bis zum Laufen nur auf ihren Hintern herumgerutscht sind, können sehr stark von Überkreuzbewegungen profitieren.

Ein sieben Jahre alter Junge kam mit einem Koordinationsproblem zu uns. Er litt seit der Geburt an einer extremen Pronation der Füße, für deren Ausrichtung

125

sein Arzt eine Stütze verschrieben hatte. Mit zwei Jahren hatte sich der Junge beide Beine gebrochen. Als er zu uns kam, hatte er ernsthafte Schwierigkeiten, auf einer geraden Linie zu gehen. Durch die *ONE BRAIN*-Korrekturen, mit der Betonung auf Überkreuz-Mustern, und die täglichen Überkreuzübungen konnte seine Koordination innerhalb eines Monats um das Hundertfache gesteigert werden.

Testen sowohl X als auch Parallelen stark, haben Sie es mit einer Person zu tun, deren dominante Gehirnhälfte/AIZ sehr starken Wert auf Kontrolle legt. Dieses Verlangen nach Kontrolle ist für den ganzen Menschen charakteristisch. Wenn jemand „Recht haben muß", übersteuert die dominante Gehirnhälfte die andere völlig. X und Parallelen halten stand, bis die Korrektur endlich das wahre Muster freilegt. Für eine solche Person kann dieses Freilegen die wichtigste Korrektur aus dem Arsenal der *ONE BRAIN*- Möglichkeiten sein.

(Korrektur auf Seite 158)

Zungenbein: OK-NEIN Kont. OK-NEIN Extn.

Zungenbein-Test

Definition
Test des Zungenbeinsystems, um akuten Streß in Bezug auf legasthenische Sprachfunktionen festzustellen.

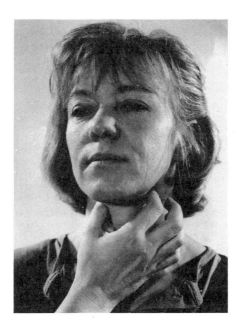

Abb. 32

Test
Die Zungenbeinregion wird vorsichtig hin- und herbewegt, anschließend wird der Indikator getestet. Wenn kein Problem vorliegt, wird er weder in Kontraktion noch in Extension nachgeben.

127

Erklärung

Das Zungenbein sitzt unterhalb des Kinns im oberen Teil des Halses. Es ist ein frei beweglicher Knochen in Form eines Hufeisens, der als Fixpunkt für die Hilfsmuskeln dient, die mit Kauen und Sprechen zu tun haben, da die Zunge bei diesen Muskeln miteingeschlossen ist.

An diesem kleinen Knochen setzen zehn verschiedene Muskeln an:

Genioglossus – zieht die Zunge zurück und schiebt sie vor.

Hyoglossus – senkt die Zunge und zieht die Seiten abwärts.

Geniohyoideus – zieht das Zungenbein nach vorne.

Mylohyoideus – formt den Mundboden und hebt diesen und die Zunge an.

Stylohyoideus – hebt das Zungenbein an und zieht es zurück.

Digastricus – hebt das Zungenbein an und senkt den Kiefer.

Thyrohyoideus – hebt und verändert die Form des Kehlkopfes.

Omohyoideus – senkt das Zungenbein.

Sternohyoideus – senkt Zungenbein und Kehlkopf.

Infrahyoideus – kann entweder Zungenbein und Kehlkopf senken oder das Zungenbein fixieren, so daß es nicht angehoben werden kann.

Offensichtlich hat die Zungenbeinregion sehr viel mit Sprache zu tun, aber auch mit Streß und Anspannung,

die mit den Konsequenzen dessen, was wir sagen und was wir nicht sagen, verbunden sind. Sollten diese Konsequenzen ein intensives emotionales Trauma hervorgerufen haben, kann ein Nachgeben des Indikators beim Testen des Zungenbeins wichtige Hinweise bezüglich der Gründe für ein legasthenisches Verhaltensmuster geben.
(Korrektur auf Seite 154)

Transversalfluß: OK-NEIN Kont. OK-NEIN Extn.

Transversalfluß-Test

Definition
Der Test soll feststellen, ob Streß entsteht, wenn die vom physischen Körper ausgehende Energie gestört wird.

Test
Eine wedelnde Handbewegung wird rasch über dem Körper von oben nach unten und von unten nach oben ausgeführt, gleich anschließend wird getestet.

Erklärung
Von jedem Körper geht Energie aus. Diese Energie kann gemessen, fotografiert und gefühlt werden. Mehr noch: sie ist ständig in Bewegung, und diese Bewegung läßt sich am besten als „8" beschreiben. Die Energie überquert also immer wieder die Mittellinie und balanciert sich selbst durch Bewegung.

Dieser Energiefluß passiert die Hauptbereiche, den Rumpf, überquert die Mittellinie von der Schulter zur gegenüberliegenden Hüfte, die Beine, von der Hüfte zum gegenüberliegenden Fuß usw. Der Fluß ist ebenso in jedem Gelenk einschließlich der Finger- und Zehengelenke wie über dem Kopf und unter den Füßen vorhanden.

Unsere Körper sind elektrisch „angetriebene" Maschinen, die durch Bewegung das Leben anregen. Innerhalb einzelner Zellen bis hin zu den Gelenken und in den meisten inneren Organen expandiert die elektrische Energie, bis der gesamte Körper von ihr eingeschlossen und damit auch geschützt ist. Aus energetischer Sicht könnte das Ganze als individuelles „Kraftfeld" bezeichnet werden, das von uns nicht wahrgenommen wird, solange es sich in einem ausgeglichenen Zustand befindet. Wir „fühlen uns gut". Wenn jedoch der gleichmäßige Fluß an einem Punkt (oder innerhalb eines der Komponentensysteme) blockiert wird, fühlen wir uns „weniger gut".

Ein Nachgeben des Indikators bei diesem Test deutet also auf eine Art Schockreaktion hin, bei der das schützende Energiefeld des Menschen willkürlich gestört wird.

(Korrektur auf Seite 154)

	Nahrung/Genetik-Test:		
OK-NEIN	Kont.	OK-NEIN	Extn.

Nahrung/Genetik-Test

Definition
Test, um akute nahrungsbezogene Unausgeglichenheiten festzustellen, die die DNS- und RNS-Bedürfnisse des individuellen Systems betreffen.

Test
Berühren Sie den Glabella-Punkt der Testperson mit zwei Fingerspitzen und testen Sie.

Abb. 33

Erklärung
Ein Gen ist die Grundeinheit der Vererbung, und der wichtigste Teil des Gens ist ein gigantisches Desoxyribonucleinsäuremolekül (DNS). Die DNS ist in jeder einzelnen Zelle enthalten und trägt das gesamte Erbmaterial eines Individuums. Die DNS-Moleküle dienen als Schablonen für die Bildung von Ribonucleinsäure (RNS), die große Proteinmoleküle verkleinern kann,

um so mit ihnen durch die Zellmembran eine Zelle mit Protein zu versorgen.

Bildhaft ausgedrückt, ist die DNS die Blaupause, und die RNS der Ingenieur, der die Vervielfältigung der Blaupause möglich macht.

Offensichtlich ist für jeden von uns richtige Ernährung notwendig. Allerdings kann dieselbe Ernährung für *eine* genetische Struktur richtig, für eine *andere* vollkommen falsch sein. Nahrung ist eine sehr individuelle Angelegenheit. Zusätzlich zu den grundlegenden Regeln für eine gute Ernährungsweise müssen noch spezifische, individuelle Bedürfnisse beachtet werden, die mit Hilfe entsprechender Muskeltests identifiziert werden können.

Die Berührung des Glabellapunktes spricht mit der Hypophyse die Hauptdrüse zur Harmonisierung der chemischen Prozesse und Bedürfnisse des gesamten Körpers an, in Übereinstimmung mit der genetischen Integrität des Individuums. Tatsächlich geben Sie der Hypophyse Gelegenheit, Ihnen etwas extrem Wichtiges mitzuteilen.

Forscher glauben, daß das Gleichgewicht von RNS/DNS beträchtlichen Einfluß auf das Erinnerungsvermögen hat und daher auch bei legasthenischen Funktionsstörungen stark beteiligt ist. Experimente mit Erinnerungsspuren zeigen Anzeichen dafür, daß neuronale Aktivität (ankommender Gedanke stimuliert Nervenzellen, die in sich selbst verstärkenden Kreisen verbunden sind) die Menge an RNS in den Nervenzellen erhöht. Dies wiederum verbessert die Gesamtfunktion der Zelle.

(Korrektur auf Seite 183)

AIZ-Test: OK-NEIN   Kont.   OK-NEIN   Extn.

Test der Allgemeinen Integrations-Zone (AIZ)

Definition
Test zur Feststellung des Integrationsgrades von Vorder- und Hinterhirn der dominanten Gehirnhälfte.

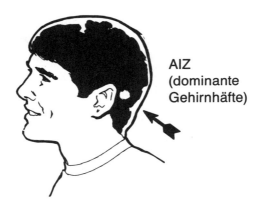

AIZ
(dominante
Gehirnhäfte)

Abb. 34

Test
Klopfen Sie mit den vier Fingern einer Hand auf den Bereich hinter dem Ohr oberhalb des Warzenfortsatzes auf der Seite des dominanten Gehirns, halten Sie Berührungskontakt mit diesem Bereich und testen Sie.

Ein schwacher Indikator bedeutet, daß das Hinterhirn/AIZ neuen und ZBAD-Input abblockt und damit im Moment ein bewußtes Entscheiden unmöglich macht.

Erklärung

Unter Streßeinwirkung schaltet die AIZ auf ihren Überlebensmodus um. Dies bedeutet, daß die Testperson ein Streßreaktionsmuster aufweist, das auf alten und wahrscheinlich negativen Hinterhirn-Erfahrungen basiert. Personen mit diesem Muster ist es, selbst wenn sie sich verwirrt und geistig überfordert fühlen, sehr wichtig, die Kontrolle zu bewahren.

Die gleiche Stelle auf der anderen Gehirnhälfte kann im Test ebenso ein Nachgeben des Indikators zeigen. Das bedeutet jedoch nicht, daß sich die dominante Gehirnhälfte auf der rechten Seite befindet. Seit den 60er Jahren weisen Untersuchungen darauf hin, daß sich die dominante Gehirnhälfte selbst bei Linkshändern meist auf der linken Seite befindet.

Die Aufgabenbeschreibung der nicht-dominanten Gehirnhälfte umfaßt Elemente, die in derjenigen der dominanten nicht enthalten sind, und umgekehrt. Offenkundig dient trotzdem diese gleiche Stelle auf der nicht-dominanten Gehirnhälfte einem ähnlichen Zweck (wie die auf der dominanten) und reflektiert so das holographische Wesen der Wahrnehmung der nicht-dominanten Gehirnhälfte und der dieser Wahrnehmung angemessenen multidimensionalen, nonverbalen Sprache.

Weitere Informationen zu diesem Thema finden Sie in unserem Buch *STRUCTURAL NEUROLOGY*. Jetzt sollten Sie allerdings den AIZ-Test nur auf der dominanten Seite durchführen.

(Korrektur auf Seite 185)

Emotionales Streß-Statement
Positive Aussage: OK-NEIN Kont. OK-NEIN Extn.
Negative Aussage: OK-NEIN Kont. OK-NEIN Extn.

Test für den Abbau von emotionalem Streß

Definition
Test zur Feststellung des emotionalen Streßfaktors in Einstellungen, die die Wahrnehmung in rechter und linker Gehirnhälfte beeinflussen.

Test
Die Testperson nennt einen Problembereich, den Sie dann in der folgenden Form in eine positive und eine negative Aussage bringen. Beide Aussagen werden in Kontraktion und Extension getestet und die Ergebnisse notiert: „Ich möchte... und vertraue meiner Fähigkeit zu.../Ich möchte nicht... und vertraue nicht meiner Fähigkeit zu..."

Beispiel:
„Ich möchte gut lesen und vertraue meiner Fähigkeit, gut zu lesen!"
„Ich möchte nicht gut lesen und vertraue nicht meiner Fähigkeit, gut zu lesen!"
Oder:
„Ich möchte gut rechnen und vertraue meiner Fähigkeit, gut zu rechnen!"
„Ich möchte nicht gut rechnen und vertraue nicht meiner Fähigkeit, gut zu rechnen!"

Oder:

„Ich möchte abnehmen und vertraue meiner Fähigkeit abzunehmen!"

„Ich möchte nicht abnehmen und vertraue nicht meiner Fähigkeit abzunehmen!"

Oder:

„Ich möchte Prüfungen bestehen und vertraue meiner Fähigkeit, Prüfungen zu bestehen!"

„Ich möchte Prüfungen nicht bestehen und vertraue nicht meiner Fähigkeit, Prüfungen zu bestehen!"

Negative Emotionale Ladung zum Thema

Der Prozentsatz der Negativen Emotionalen Ladung zum Thema und/oder zu jedem weiteren Thema, das während der Entschärfung auftritt, wird festgestellt und auf dem Testblatt notiert.

Erklärung

Während der Korrektur bringen Sie in die vorderen Gehirnbereiche Energie zur Ablösung gegenwärtiger Stressoren und in die Vorder- und Hinterhirnbereiche für vergangene Stressoren.

In den Stirnlappen verarbeitet die ZBAD Gedanken ohne emotionalen Einfluß. In den Hinterhauptslappen dient die primäre visuelle Zone als Wahrnehmungsauslöser für Erinnerungen an vergangene Erfahrungen. Die ZBAD besitzt nur Kurzzeitgedächtnis, da ihre Aktivität ausschließlich auf den gegenwärtigen Moment bezogen ist.

Was wir im Moment in Betracht ziehen, hat nur sehr wenig Einfluß auf das, was uns durch die Erinnerung als

136

Reaktion vorgeschrieben wird. Jahre der Programmierung fordern jetzt ihren Tribut. So daß also, wenn wir in der Gegenwart etwas wollen, dieser Wunsch nur sehr wenig damit zu tun hat, ob wir es bekommen oder nicht. Die Erinnerung des Hinterhirns „kennt die Wahrheit", und wir handeln genauso wie in der Vergangenheit. (Dies erklärt, warum der Weg der „Affirmation" für die meisten Leute kaum funktioniert). Da die AIZ Veränderung mit Angst, Schmerz oder Angst vor Schmerz gleichsetzt, boykottiert sie die ZBAD, sobald eine Veränderung des Selbstbildes, der Einstellung oder der Leistung gefragt ist.

Wenn Sie festgestellt haben, daß der Indikator den oben genannten Aussagen nicht zustimmt, wird im Anschluß an den gesamten Korrekturablauf der Indikator bei positiven und negativen Aussagen standhalten. In diesem Fall reagieren sowohl Vorder- als auch Hinterhirn ohne Streß. Damit besteht für die Person die Möglichkeit der Wahl in der Gegenwart. Unterbewußte Kommentare, die ein positives Ziel untergraben könnten, sind nicht mehr vorhanden.

Solange die Person fortfährt, sich dafür zu entscheiden, die positive Verhaltensweise zu wählen, wird sie sich mit Selbstverständlichkeit manifestieren. Die Straße, die vor einem liegt, wird unter Umständen zwar holprig sein, jedoch kann zunächst einmal die Reise beginnen. Die Angst der AIZ vor Veränderung ist jetzt nicht mehr der entscheidende Faktor in diesem Verhaltensbereich.

(Korrektur auf Seite 174)

Kapitel 6

Das Isolieren von Korrekturprioritäten

Mit dem Test auf Prioritäten lassen sich die Schlüsselbereiche der Ausfälle identifizieren, die bei der Entschärfung legasthenischer Probleme eine Rolle spielen.

Fingerdetermination

Definition
Ein System, das den Daumen jedem der anderen vier Finger gegenüberstellt, um die Hauptkategorien von Ausfällen im Körper zu identifizieren.

Test
Der Test wird mit einem Indikatormuskel mit klarem Funktionskreis durchgeführt, außerdem wird vorher auf „Switching" getestet und der Energiefluß von Zentral- und Gouverneursgefäß überprüft und, wenn nötig, korrigiert.

Testen Sie auf der dominanten Seite mit dem Muskel in kontrahierter Position. Die Testperson oder der Tester bringt nacheinander die einzelnen Finger mit dem Daumen zusammen, während jeweils getestet wird (vgl. Abb. 35). Sollte der Indikator bei keiner Finger-Daumen-Berührung nachgeben, wird noch einmal in

139

Extension getestet. Sollte sich immer noch keine Veränderung zeigen, wird auf der anderen Seite des Körpers getestet, zuerst in Kontraktion, dann in Extension.

Ein Nachgeben des Indikators bei der Berührung des Daumens mit einem Finger bedeutet, daß die dazugehörige Kategorie (siehe Abb. 35) Aufmerksamkeit benötigt.

Erklärung

Der Daumen besitzt einen neutralen Energiefluß; die Finger sind, genau wie die zwei Seiten des Körpers, positiv und negativ polarisiert. Der Zeigefinger der rechten Hand ist positiv, während der Zeigefinger der linken Hand negativ ist; der Mittelfinger der rechten Hand ist negativ, während der der linken Hand positiv ist; der rechte Ringfinger ist positiv, der linke negativ; der kleine Finger rechts ist negativ, der kleine Finger links ist positiv.

Sie werden sich fragen, warum die Fingerdeterminatoren der Hand, die der dominanten Gehirnhälfte zugeordnet ist, getestet werden. Nach Dr. A. R. Mauldin werden die Fingerfunktionen zu 85 % von der dominanten Gehirnhälfte und zu 15 % von der anderen gesteuert.

Jahrtausendelang wurden Fingerpositionen zur Herstellung der Energiebalance im Körper benutzt. Und es scheint so, daß unterschiedliche Fingerpositionen unterschiedliche symbolische und physische Wirkungen in verschiedenen Kulturen zeigen. So zum Beispiel in den religiösen Skulpturen Ägyptens, Griechenlands, Chinas, Indiens, von den unterschiedlichen Yoga-Stellungen ganz zu schweigen.

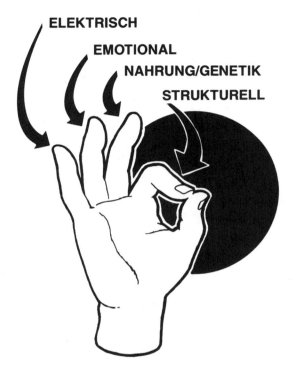

Abb. 35
Fingerdeterminatoren und die zugehörigen Hauptkategorien von Ausfällen

Indikator für reaktive Muskeln

Definition
Umfassender Test, um herauszufinden, ob eine Energieblockade ein den ganzen Körper durchziehendes Muskelreaktionsmuster auslöst.

Test
Halten Sie Ihre Hand etwa vier Zentimeter über die Pfeilnaht der Testperson und testen Sie (Vgl. Abb. 36). Ein Nachgeben des Indikators zeigt an, daß reaktive Muskeln angesprochen sind.

Erklärung
Die Pfeilnaht verbindet die seitlichen Schädelplatten direkt über der Spalte zwischen den beiden Gehirnhälften. Unter der Pfeilnaht finden wir die motorischen Zentren der Schläfen- und Stirnlappen und darunter das Kleinhirn, ein faszinierender Computer zur Steuerung sämtlicher Muskelbewegungen des Körpers. Zudem sitzt die Zirbeldrüse, eine Verlängerung des Hirnstamms, unter rechtem und linkem Kleinhirnlappen.

Wie bereits erwähnt, ist die Zirbeldrüse für das Hinterhirn, was die Hypophyse für das Vorderhirn ist, sozusagen „eine Art drittes Auge". Augenlose Höhlensalamander „sehen" in vollkommener Dunkelheit dank der Lichtempfindlichkeit der Zirbeldrüse. Eine offene Pfeilnaht dient hier als „Lichtsensor".

Alle Muskeln, die im Moment eines physischen oder emotionalen Traumas in Bewegung sind, sind reaktive Muskeln. Da jedes Trauma das einschließt, was wir im Augenblick des Geschehens sahen und/oder hörten,

Abb. 36

stellt sehr häufig entweder die damalige Augenposition oder das betroffene Ohr, das „hörte", oder auch beides den Auslöser zu diesem reaktiven Muster dar.

Der Moment des Einwirkens schwächt die Muskeln in der Bewegung, was wiederum zu kompensatorischer Mehrbeanspruchung anderer Muskeln führt. Es entsteht eine Art Kettenreaktion, die den gesamten Körper durchzieht, beginnend mit dem Hals (in der Position, als wir es auf uns „zukommen" sahen) und dann den Oberkörper entlang in Arme und Beine. Die Folge ist ein ständiges muskuläres Ungleichgewicht, das so lange erhalten bleibt, bis der eigentliche Stressor entschärft wird.

Derartige Ungleichgewichte können viele Arten von physischen Symptomen hervorrufen, wie Nacken- und Rückenschmerzen, „überstrapazierte" Muskeln in jedem Körperteil bis hin zu inneren Beschwerden, die mit Verdauung und Stoffwechselfunktionen zu tun haben.

Kapitel 7

Altersrezession

Definition
Test zur Feststellung des Alters, in dem ein spezifisches physisches, emotionales oder geistiges Trauma zu einer Lernstörung führte. Die Zeitspanne reicht von der Gegenwart bis zur Empfängnis.

Hinweis: Es handelt sich dabei nicht um Altersregression.

Webster definiert Rezeß als „einen abgeschiedenen, entlegenen oder inneren Platz, wie eine unterirdische Nische oder die Tiefen des Unterbewußtseins." Die Altersrezession führt uns an diese inneren Orte des Unterbewußtseins und zu den spezifischen Zeiten, als Negative Emotionale Ladung unsere Wahrnehmung blockierte.

Test
1. Stellen Sie das Problem in der Gegenwart fest und finden Sie die damit verbundene Prozentzahl der Negativen Emotionalen Ladung. Danach gehen Sie die digitalen und reaktiven Determinatoren durch und korrigieren Sie, bis alle Fingerpositionen standhalten.

2. Gehen Sie nun von der Gegenwart aus rückwärts in Abschnitten von zehn Jahren, jeweils mit Test. Wenn die Person 44 ist, sagen Sie „Gegenwart, jetzt" und testen, „44 Jahre" (Test), „44 bis 40" (Test), „40 bis 30"

145

(Test), „30 bis 20" (Test), „20 bis 10" (Test), „10 bis Geburt" (Test), „von Geburt bis Empfängnis" (Test).

3. Wenn der Indikator nachgibt, gehen Sie von der jeweils höchsten Altersstufe abwärts, jeweils in Jahresschritten. Zum Beispiel „10" (Test), „9" (Test), „8" (Test), „7" (Test), „6" (Test). Der Indikator wird bei dem entsprechenden Alter wieder nachgeben.

Gibt der Indikator bei mehr als *einem* Jahr nach, ist die Person switched und muß erst korrigiert werden (S. 92ff.). Danach wird noch einmal mit der höchsten Zahl begonnen: „10" (Test), „9" (Test) usw.

4. Finden Sie nun den Prozentsatz der Negativen Emotionalen Ladung zu dem Problem in dem entsprechenden Alter heraus und gehen Sie die Fingerdeterminatoren durch. Korrigieren Sie alle Ausfälle, bis der Prozentsatz der Negativen Emotionalen Ladung 0 beträgt.

Bei der Altersrezession können Sie ganz andere Ausfälle als bei der Eingangs-Untersuchung oder in der Gegenwart finden, da die Testperson auf die Vergangenheit reagiert. Wenn andere Neuronen beteiligt sind, erhält man auch andere Antworten vom Körper.

5. Ehe Sie fortfahren, ist es extrem wichtig sicherzustellen, daß in der Vergangenheit alles bereinigt wurde. Überprüfen Sie deshalb noch einmal alle digitalen und reaktiven Determinatoren. Wenn alle standhalten, testen Sie noch einmal das Alter, das den Indikator vorher nachgeben ließ. Sollte der Indikator hier

146

wieder nachgeben, wiederholen Sie nochmals die digitalen und reaktiven Determinatoren, und korrigieren die jeweiligen Kategorien, bis alle standhalten.

6. Wenn es in diesem Alter nichts mehr zu tun gibt, bringen Sie die Testperson in die Gegenwart zurück, indem Sie in 10er-Abschnitten den Muskel testen. Wiederholen Sie noch einmal das Alter „6" (Test), „6 bis 10" (Test), „10 bis 20" (Test), „20 bis 30" (Test), „30 bis 40" (Test), „40 bis zur Gegenwart, jetzt" (Test).

Dieser Testvorgang bei der Rückkehr zur Gegenwart ist wichtig, da er den Körper verankert. Bringen Sie die Testperson stets zu „Gegenwart, jetzt" zurück, bevor Sie weitere Altersrezessionen durchführen, da die Altersstufen nicht unbedingt aufeinander folgen müssen. Zum Beispiel könnte der Indikator das nächste Mal bei 35 nachgeben, danach bei 4, bei 12, schließlich bei 3 Monaten im Mutterleib. Beenden Sie jeden Zyklus mit der Rückkehr zu „Gegenwart, jetzt". Der Körper gibt Ihnen die Reihenfolge vor, in der gearbeitet werden muß. Altersstufen, von denen die Testperson weiß, daß dort traumatische Erfahrungen stattgefunden haben, die mit dem Problem im Zusammenhang stehen, werden dabei vielleicht zunächst sogar umgangen, aber es ist auf jeden Fall richtig, dem Körper zu vertrauen. Wenn der Zeitpunkt zum Entschärfen gekommen ist, dann werden sie sich zeigen. Und Sie werden feststellen, daß die Testperson diese Erlebnisse dann ganz leicht durchgehen kann, ohne daß ihr System weiter belastet wird. Respektieren Sie die Testperson und den Prozeß, und Sie werden hervorragende Ergebnisse erzielen.

7. Wenn Sie zu „Gegenwart, jetzt" zurückgekehrt sind, gehen Sie noch einmal die digitalen und reaktiven Determinatoren durch und machen die Korrekturen, die jetzt als Folge der Altersrezession notwendig werden.

8. Fahren Sie mit dem Prozeß fort, bis der Indikator beim Test von „Empfängnis bis Gegenwart" mit 0 % Negativer Emotionaler Ladung zu dem Problem in allen Fingerpositionen standhält. Während des Prozesses wurden mehr legasthenische „blinde Flecke" entschärft, als Sie oder die Testperson bemerkt haben. Wenn Sie die Ausfälle der Eingangs-Untersuchung noch einmal durchgehen, werden Sie angesichts der Resultate verblüfft sein.

Merke:
Sollte nicht die Zeit zur Verfügung stehen, den gesamten Prozeß während einer Sitzung zu beenden, kann unterbrochen werden, sobald Sie die Person zu „Gegenwart, jetzt" zurückgebracht haben und alle Determinatoren standhalten. Lassen Sie die Person niemals in der Vergangenheit zurück. Es kann sonst passieren, daß für kurze Zeit ein schummeriges Gefühl des Abgetrenntseins hängenbleibt, das wiederum zu vorübergehender Verwirrung und/oder Desorientierung führen könnte.

Erklärung
Es ist kein Geheimnis, daß die Speicherung von Erinnerungen in vielen Teilen des Gehirns erfolgt. Sowohl rechte als auch linke Gehirnhälfte speichern bestimmte Arten und Teile der gesamten Erinnerung. Darüber hin-

148

aus enthalten Schlüsselzentren des Rückenmarks wie auch die Organe des Körpers bestimmte vorprogrammierte Funktionen. Daß sogar die kleinste Zelleinheit sich selbst reproduzieren kann, zeigt, daß auch in dieser Zelle ein Erinnerungsbewußtsein vorhanden ist. Ähnlich wird auch ein chirurgisch transplantierter Muskel, der die Funktion eines anderen ersetzen soll, in einer „legasthenischen" Art und Weise funktionieren, bis er bewußt umprogrammiert wurde.

Es gibt keine Trennung zwischen der Erfahrung des Zentralnervensystems und den Gedächtnisfunktionen in jeder Zelle des Körpers. Die Erfahrung der Vergangenheit wurde von den zu diesem spezifischen Zeitpunkt aktiven Neuronen fixiert und erhalten. Jeder Muskel, Nerv und jedes Gewebe, das an dieser Erfahrung teilnahm, wurde betroffen und wird sich auf seine eigene Art „erinnern".

Wilder Penfield vertritt die Meinung vieler Neurologen mit seiner Schlußfolgerung, daß alles, was wir jemals erlebt haben, im zentralen Nervensystem gespeichert wird. Nichts wird vergessen.

Bezugnehmend auf seine Erforschung des Schläfenlappens des Gehirns schreibt Penfield: „Da die Elektrode einen zufälligen Abschnitt dieses Streifens aus der frühen Vergangenheit aktivieren kann und da die unwichtigsten und vollständig vergessenen Zeiträume in diesem Abschnitt auftauchen können, scheint es, daß in ihm wirklich alle Perioden des bewußten Lebens eines Individuums enthalten sind... Der Strom des Bewußtseins fließt unerbittlich vorwärts (wie von William James beschrieben), aber im Gegensatz zu einem Fluß läßt er eine ständige Aufzeichnung zurück, die sich anscheinend über sämtliche wachen Momente des menschlichen Lebens erstreckt – eine Aufzeichnung, die zweifellos wie ein Faden einen Weg von Ganglien und Synapsen im Gehirn entlangläuft."

Peter Nathan, Neurologe im National Hospital für Nervous Diseases, London, schreibt: „Ich studierte einmal bei Patienten die Probleme der Schmerzlinderung nach Amputationen. Einer dieser Patienten war ein junger Mann, der sein Bein im Korea-Krieg verloren hatte. Während des Tages führte ich verschiedene Untersuchungen am Stumpf seines Beines durch, die meist schmerzhaft waren und alle den Effekt hatten, daß ein Sperrfeuer von Nervenimpulsen von diesem Körperglied ins Rückenmark geschickt wurde.

In der Nacht nach diesen Untersuchungen wachte der Patient plötzlich auf, da er starke Schmerzen in seinem nicht mehr vorhandenen Bein verspürte. Er wußte auch sofort, was das für Schmerzen waren. Fünf Jahre bevor sein Bein amputiert wurde, war er beim Eishockeyspielen gestürzt und hatte sich die Außenseite des Beines an einem Schlittschuh aufgeschnitten. Er erlebte die gleichen Schmerzen in seinem Phantombein wie damals. Er erinnerte sich dabei nicht an den Unfall selbst, sondern fühlte nur genau das gleiche in seinem jetzt nicht mehr vorhandenen Bein. Diese Gefühle wurden dadurch hervorgerufen, daß dieselben Neuronen jetzt, mehrere Jahre später, wieder gereizt wurden."

Während der Psychotherapie werden Erinnerungen aus der Vergangenheit hervorgeholt, die vorher nie zu Tage getreten waren. Oft kehren sie zurück und holen uns mit der gleichen Gefühlsstärke wie damals wieder ein. Der Erwachsene wird wieder zum Kind, wütend darüber, wie ihn seine Eltern jetzt behandeln. Das läßt uns darüber nachdenken, was wir überhaupt jemals vergessen.

Aus der Forschung von Dr. Robert G. Health, Chefarzt der Neurologisch-psychiatrischen Abteilung der Tulane School of Medicine ein weiteres Beispiel: Wenn sich eine Person an eine vergangene Erfahrung mit Marihuana erinnert, finden die gleichen Gehirnaktivitäten statt wie beim tatsächlichen Rauchen von Marihuana.

Kapitel 8

Korrekturen

Wir haben die Korrekturen nach der Fingerdetermination aufgelistet – beginnend mit Elektrisch (kleiner Finger zum Daumen), dann Emotional (Ringfinger zum Daumen), Nahrung/Genetik (Mittelfinger zum Daumen), Strukturell (Zeigefinger zum Daumen) und Reaktive Muskeln (Hand über die Pfeilnaht gehalten). Um den Zugriff zu erleichtern, haben wir die Seitenzahl der zugehörigen Tests (Kap. 5) jeweils hinter die eingangs aufgeführten Korrekturkategorien gesetzt.

DIE ELEKTRISCHE KATEGORIE

Transversalfluß/129   *Augen-Kurzschluß/111*
Zungenbein/127   *Ohren-Kurzschluß/115*
Überkreuz-Muster/123   *Alphabet/Zahlen/105, 106*
Lesewahrnehmung/104   *Überqueren d. Mittellinie/107*

Denken Sie daran, daß der elektrische Determinator (kleiner Finger und Daumen) mit der mangelnden Kommunikation zwischen linker und rechter Gehirnhälfte zu tun hat. Die dominante Gehirnhälfte ignoriert die von der anderen kommenden ausgleichenden Botschaften und greift stattdessen auf vergangene Erfahrungen und Überlebensmuster zurück. Der legasthenische „blinde Fleck" ist in diesem Fall mangelndes Bewußt-

153

sein für positiven Input aus der Ganzheit des Selbst; ein Ablehnen des bildhaften Soufflierens der anderen Gehirnhälfte unter Streß, was dann oft das Gefühl „Wer bin ich eigentlich?" hervorruft.

Transversalfluß

Berühren Sie den Nabel der Testperson mit zwei oder mehr Fingern einer Hand. Mit der anderen Hand umspannen Sie die Stirn und berühren dabei einen Stirnbeinhöcker mit zwei Fingern, den anderen mit dem Daumen. Diese Verbindung halten Sie etwa eine Minute und bitten die Person, die ganze Zeit frei zu atmen. Alle Achten, auch die in Knöcheln und Knien, sollten im Gleichgewicht sein. Nach einer raschen wedelnden Handbewegung den Körper entlang testen Sie noch einmal. Der Indikator sollte standhalten. Falls nicht, wiederholen Sie die Korrektur und testen noch einmal.

Zungenbein

Beim Test des Zungenbeins verändert sich der Indikator, wenn einer der vielen beteiligten Muskeln überenergetisch oder im Verhältnis zu den anderen zu stark ist. Um diesen herauszufinden, reizen Sie jeden Muskel durch Streichen in Verlaufsrichtung mit zwei Fingerspitzen oder dem Daumen. Durch dieses Streichen wird die Spannung im überenergetischen Muskel so weit erhöht, daß es zu einer Indikatorveränderung kommt.

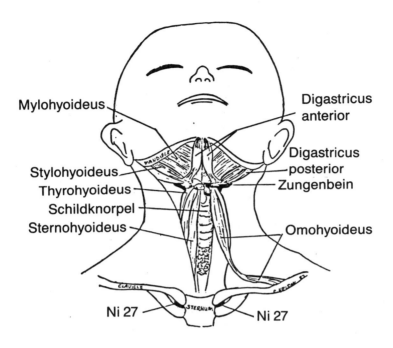

Abb. 37

Beachten Sie bei den folgenden Tests, daß das Zungenbein über dem Adamsapfel liegt.

1. Sie beginnen hinter dem Ohr und streichen unterhalb des Kiefers nach vorn bis zu einer Stelle unterhalb des Kinnes und testen. Danach das gleiche auf der anderen Seite (Vgl. Abb. 38, nächste Seite).
2. Streichen Sie auf der Mittellinie herunter von der Kinnspitze zum Adamsapfel und testen Sie.
3. Streichen Sie vom äußeren Drittel des rechten Schlüsselbeins in Richtung Zungenbein aufwärts und testen Sie. Wiederholung auf der linken Seite.

Abb. 38

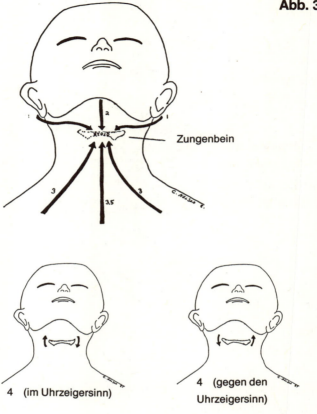

4. Bewegen Sie das Zungenbein sanft im Uhrzeigersinn, mit dem Daumen auf der *einen* Seite der Kehle oberhalb des Adamsapfels und den Fingern auf der *anderen* Seite, und testen Sie. Die Bewegung im Uhrzeigersinn spricht den Muskel auf der linken Seite an. Die Bewegung entgegen dem Uhrzeigersinn, die Sie danach ausführen (mit anschließendem Test), spricht den Muskel auf der rechten Seite an.

Die Spindelzellen der Muskeln, die eine Indikatorveränderung bewirkt haben, werden zur Entspannung ein- oder zweimal vorsichtig zusammengedrückt (Vgl. Abb. 39 a+b). Überprüfen Sie die Korrektur, indem Sie das Zungenbein nochmals vorsichtig hin- und herbewegen und testen. Der Indikatormuskel sollte standhalten.

Abb. 39 a

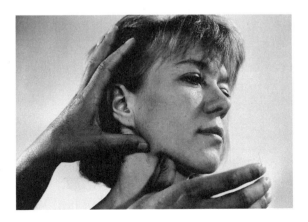

Abb. 39 b

Überkreuz-Muster

Diese Korrektur wird angewandt und auch als Hausaufgabe aufgegeben, wenn der Indikator der Testperson bei der homolateralen Übung und/oder beim Ansehen der parallelen Linien standhält.

1. Lassen Sie die Person sechs- bis siebenmal die Überkreuzübung (gegenüberliegende Hände und Beine) durchführen im Wechsel mit der homolateralen Übung (gleichseitige Hände und Beine). Das Ganze wird vier- bis fünfmal wiederholt und mit der Überkreuzübung beendet. Anschließend testen Sie noch einmal.

Dann lassen Sie die Person zuerst auf ein X, danach auf senkrechte Parallelen schauen und testen jeweils. Der Indikator sollte sich nur bei den parallelen Linien verändern.

Hat die Testperson Schwierigkeiten mit der Überkreuzübung und/oder hilft die Korrektur nicht, lassen Sie sie auf ein X schauen oder daran denken, während Sie die Altersrezession durchführen. Wenn der Indikator sich ändert, wiederholen Sie die Korrekturübung und testen noch einmal. Dieser Vorgang wird wiederholt, bis der Indikator bei der Überkreuzbewegung standhält und sich bei der homolateralen verändert.

Lassen Sie jetzt die Testperson das X noch einmal anschauen oder sich vorstellen, und fahren Sie mit der Altersrezession fort, bis Sie einen weiteren Indikatorwechsel feststellen. Wiederholen Sie die Überkreuzübungs- und Testfolge. Verfolgen Sie die

Spur weiter zurück, bis der Indikator standhält, wann immer die Person an ein X denkt oder eines anschaut, und sich nur bei parallelen Linien verändert. Wenn das der Fall ist, bringen Sie die Person zurück zur Gegenwart, wiederholen die Übung und testen noch einmal, um die Korrektur zu überprüfen.

2. Wenn sich die Koordination der Person so weit gebessert hat, daß die Überkreuzübung kein Problem mehr ist, können weitere Teile des Gehirns in den Prozeß eingebunden werden. Lassen Sie dazu die Überkreuzübung durchführen und gleichzeitig bei gerade gehaltenem Kopf die Augen im Uhrzeigersinn bewegen: geradeaus, oben, oben rechts, seitlich rechts, unten rechts, unten, unten links, seitlich links, oben links, oben, geradeaus usw. Danach das gleiche noch einmal entgegen dem Uhrzeigersinn.

3. Beherrscht die Person Schritt 1 und 2, können noch mehr Neuronen über die Stimme und das Sprachzentrum des Gehirns einbezogen werden, indem Sie die Testperson gleichzeitig zu jeder Augenbewegung das Alphabet oder Zahlen aufsagen oder Worte buchstabieren lassen.

Falls Ihr Testpartner stottert, lassen Sie ihn das Alphabet singen.

Diese Korrekturen sind als Übung (zweimal täglich) für Leute geeignet, die ihre physische und geistige Koordination verbessern wollen. Diese Übungen haben einen positiven Effekt sowohl auf den Körper als auch auf das Gehirn. Führen Sie sie täglich durch, besonders wenn Sie durch Streß belastet sind. In solchen Zeiten halten die Übungen den Körper im Gleichgewicht, den Geist aktiv, und befreien von physischem Streß, von Abgespanntheit und Muskelschmerzen. Vor allem helfen sie uns, auch unter Belastung unsere Effektivität zu erhalten.

Ebenfalls sehr zu empfehlen sind diese Übungen als Vorbereitung auf körperlich oder geistig streßbetonte Aktivitäten. Aber es lohnt sich auch, sie generell morgens und abends durchzuführen.

Damit die Übungen mehr Spaß machen, stellen wir hier einige Varianten vor. Alle beginnen aus dem Stand und in jedem Fall mit gegenüberliegenden Armen und Beinen. Wiederholen Sie jede der angegebenen Bewegungsfolgen zehn- bis dreißigmal. Bleiben Sie dabei innerhalb Ihres eigenen Energieniveaus und auf jeden Fall locker. Mit Musik zu üben macht mehr Spaß und bezieht auch gleich die zweite Gehirnhälfte mit ein.

Übungen:

Abb. 40

Auf der Stelle laufen, dabei abwechselnd jeweils die gegenüberliegenden Arme und Beine gleichzeitig bewegen.

Abb. 41

Torso-Twist: Knie anheben und mit gegenüberliegendem Ellenbogen berühren.

Abb. 42

Vorwärtsstreckung: Bein und gegenüberliegenden Arm gestreckt anheben, aus der Hüfte nach vorn beugen. Falls das Gestreckthalten unbequem ist, kann das Standbein gebeugt werden.

Abb. 43

Arm und Bein heben: Bein und gegenüberliegenden Arm zur Seite anheben, Bein so gestreckt wie möglich halten.

Abb. 44

Rückenstreckung: Bein und gegenüberliegenden Arm nach hinten strecken, Bein möglichst durchgedrückt halten.

Lesewahrnehmungstest

Es sei noch einmal betont, daß Lesen eine der kompliziertesten aller körperlichen Aktivitäten ist. Einige der feinsten Muskeln adjustieren ständig die Augäpfel, um sie vor und zurück zu bewegen. Ständige Scharfstellung der Linsen läßt die Augen dem Text folgen, während die Pupille immer den Lichteinfall regelt – und alles dies muß unter Umständen auch noch in einer streßbesetzten Umgebung stattfinden. Sollte Streß das Auge fixieren, werden wir buchstäblich blind für das, was auf dem Papier steht. Das Auge kann dann keinen Sinn mehr in den feinen Unterschieden der Buchstabenformen sehen, was jedoch Voraussetzung ist, um zu verstehen, was wir sehen.

Beim Vorlesen spielen auch noch die Stimmbänder mit. Bei denjenigen, die im Geiste jedes gelesene Wort aussprechen, sind die Stimmbänder ohnehin immer dabei. Wird unser Vorlesen darüber hinaus hinsichtlich der Effektivität beurteilt, d.h. gemessen an Standards, die von jemand anderem oder uns selbst gesetzt werden, wird jedes Wort, das wir lesen, ein Test, ein Stressor, der den natürlichen Fluß der Ionen hemmt, die elektrochemische Botschaften vom Gehirn zum Körper übertragen.

Diese Ionen-Boten lösen Nervenimpulse aus, die wiederum die Muskeln bewegen, indem sie Muskelenergie von positiv zu negativ verändern und umgekehrt. Der natürliche Fluß kann blockiert werden, und Lesen ist eine der Hauptursachen für solche Positiv/Negativ-Energieblockaden. Aus diesem Grund gehört die

Wiederherstellung des Gleichgewichts im Energiesystem zu den grundlegenden Korrekturen.

Da die Energieflüsse des Körpers tatsächlich von den Meridianen kontrolliert werden, soll die Primärkorrektur mit Hilfe eines Hauptakupunkturpunktes, der alle Meridiane des Körpers beeinflußt, erfolgen. Dieser Hauptakupunkturpunkt ist Ni 27, der 27. und letzte Akupunkturpunkt auf dem Nierenmeridian.

Wenn der Indikator beim lauten Lesen abschaltet, verwenden Sie folgende Korrektur: Berühren Sie mit den vier Fingerspitzen einer Hand den Nabel und massieren Sie gleichzeitig mit den Fingerspitzen der anderen Hand den Akupunkturpunkt Ni 27, zuerst rechts, dann links, während die Testperson die verschiedenen Augenstellungen im und gegen den Uhrzeigersinn einnimmt und gleichzeitig das Alphabet aufsagt. (Richtig erkannt, es ist Stufe 2 der Überkreuzübung ohne Einbeziehung des Körpers.) Danach wechseln Sie die Handstellung und damit die Polaritäten und wiederholen den Vorgang. Testen Sie noch einmal um die Korrektur zu überprüfen.

Wenn der Indikator beim Stillesen abschaltet, verwenden Sie folgende Korrektur: Lassen Sie die Person still lesen, während Sie den Nabel und beide Akupunkturpunkte Ni 27 massieren. Wiederholen Sie dies, nachdem Sie die Hände und damit die Polarität gewechselt haben, und testen Sie noch einmal, um die Korrektur zu überprüfen.

Jede Übung, die den Zustand verbessert, sollte als Hausaufgabe gegeben werden. Häufig müssen wahrscheinlich beide Übungen aufgegeben werden. Lassen

Sie die Übungen von der Testperson immer dann ausführen, wenn sie viel lesen muß. Und verwenden Sie auch selbst diese Möglichkeit unter ähnlichen Umständen!

Zum Ausgleich der Meridiane für Personen unter extremem Streß wird die COOK-Methode verwendet, die ihren Namen von ihrem Entdecker hat. Sie wirkt besonders günstig, wenn die Augen einer Person Streß zweiten und dritten Grades anzeigen. Die Übung besteht aus zwei Teilen.

Teil 1:
Im Sitzen legen Sie das linke Bein über das rechte Knie und die rechte Hand auf den linken Knöchel (siehe Abb. 45 a). Wenn sich dabei der Indikator im Test verändert, kehren Sie das Muster um, indem Sie den rechten Fuß über das linke Bein legen und die linke Hand über den rechten Knöchel.

Zum Abschluß des ersten Teils des Balancierens legen Sie die linke Hand so um den Fußballen, daß die Finger um die kleine Zehe herum reichen und den oberen Teil des Fußes abdecken (Abb. 45 b). Drücken Sie beim Einatmen die Zunge nach oben an den Gaumen und beim Ausatmen nach unten. Wiederholen Sie das mindestens dreimal.

Teil 2:
Beenden Sie die vorangehende Übung und sitzen Sie in entspannter Haltung, mit beiden Füßen auf dem Boden, während sich die Fingerspitzen beider Hände berühren, und atmen Sie wieder wie oben beschrieben.

Abb. 45 a

Abb. 45 b

Kurzschluß der Augen

Lassen Sie die Person die Augenstellung einnehmen, die ein Nachgeben des Indikators bewirkte. Wenn diese Veränderung bei Nah- oder Fernsicht auftrat, stellen Sie einen Gegenstand in dieser Distanz auf, so daß die Person daraufschauen kann, während Sie die Korrektur ausführen. Führen Sie die Korrektur in jeder Augenposition durch, die ein Nachgeben des Indikators bewirkte.

Abb. 46

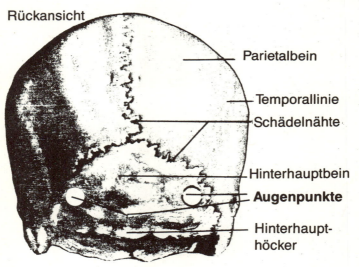

Die Korrekturpunkte für die Augen sitzen in Vertiefungen ca. 3,5 – 4 cm rechts und links von der Mittellinie, oberhalb des Hinterhauptbeinhöckers (siehe Abb. 46). Massieren Sie die Augenpunkte, während die Augen der Testperson auf die Position oder Entfernung fixiert sind, die eine Indikatorveränderung bewirkten. Testen Sie nochmals, um die Korrektur zu überprüfen.

Kurzschluß der Ohren

Interessanterweise gleicht die obere Hälfte des Außenrandes des Ohres in der Form dem Schädel und in diesem Sinne auch den grundlegenden Proportionen der jeweiligen Gehirnhälfte. Die symbolische Bedeutung dieser Korrektur ist faszinierend.

Ziehen Sie am äußeren Rand (Helix) des Ohres, das ursprünglich die Indikatorveränderung bewirkte. Gehen Sie dabei vorsichtig in einer nach oben und außen rollenden Bewegung vor, beginnend beim Ohrläppchen, entlang der ganzen Ohrmuschel. Testen Sie nochmals, um die Korrektur zu überprüfen.

Alphabet/Zahlen

Führen Sie die folgende Korrektur für die Buchstaben und Zahlen durch, die ein Nachgeben des Indikators bewirkten.

Buchstaben: Die Testperson legt die Hände so zusammen, daß sich Finger und Daumen überkreuzen und dabei eine dreieckige Öffnung entsteht, durch die hindurchgesehen werden kann. Während die Person breitbeinig steht, blickt sie durch diese Öffnung und schreibt die einzelnen Buchstaben in lateinischer Kleinschreibweise in die Luft. Dabei wird der ganze Körper bewegt.

Die Buchstaben sollten zunächst in Höhe und Breite so groß wie möglich ausfallen, und um ein Maximum an Muskelbewegung zu erreichen, werden bei der Durchführung die Knie gebeugt. Jeder Buchstabe wird mindestens dreimal geschrieben.

Dann werden Maßstab und Umfang der Körperbewegung reduziert. Die Beine befinden sich in normaler Standposition, die Testperson sieht wieder durch die Öffnung der Hände und schreibt den Kleinbuchstaben, wieder mindestens dreimal.

Der Maßstab wird in einzelnen Schritten weiter reduziert, zuerst auf immer kleiner werdende Bewegungen, dann werden ein DIN A 4-Bogen Papier und ein Schreibstift benutzt, dann die Hälfte des Papiers. Zuletzt (und genauso wichtig wie jeder vorherige Korrekturschritt) schließt die Testperson die Augen und wiederholt den Vorgang in Gedanken. Die Korrektur wird durch nochmaligen Test überprüft.

Für *Zahlen* ist der Vorgang der gleiche. Die Testperson sieht durch die Öffnung der Hände, fängt groß an und reduziert den Maßstab der Einbeziehung des Körpers, bis die Zahl auf das Papier geschrieben wird. Wiederum schließt die Wiederholung des Vorganges in Gedanken die Korrekturübungen ab, und die Korrektur wird durch nochmaligen Test überprüft.

Abb. 47

Die Mittellinie überqueren

Die Sonderpädagogik und die Augentrainingsprogramme benutzen die folgende Übung seit Jahren mit hervorragenden Ergebnissen. Die Übung ermöglicht das Überqueren der Mittellinie mit ständiger Bewegung und verhindert so den Kurzschluß der rechtsseitigen Gehirnenergie. Sie integriert auch solche Aktivitäten, die bisher homolateral, d.h. gleichseitig ausgeführt worden sind.

Die Verwendung des Unendlichkeitssymbols zum Überqueren der Mittellinie:
Lassen Sie die Testperson das Symbol zunächst so breit wie möglich auf eine Tafel malen (siehe Abb. 48 a). Benutzen Sie für den ersten Abschnitt dieser Übung die dominante Hand, für den ersten Kreis mit einer Aufwärtsbewegung beginnend, nach unten herum und nach oben zum zweiten Kreis. Wiederholen Sie die gesamte Bewegung sechs- bis siebenmal, bzw. bis sie der dominanten Hand leichtfällt.

Führen Sie die Übung dann mit der anderen Hand durch und anschließend mit beiden Händen gleichzeitig.

Dann wiederholen Sie das Ganze in der Luft wie bei der Alphabet- und Zahlenkorrektur (Abb. 48 b).

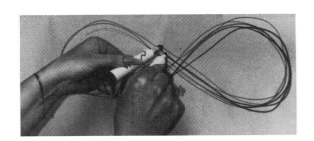

Abb. 48 a

Abb. 48 b

DIE EMOTIONALE KATEGORIE

Emotionales Streß-Statement / 135

Wenn die Berührung von Ringfinger und Daumen eine Indikatorveränderung hervorruft, hat Ihre Testperson Blockaden im emotionalen Bereich. Solche Blockaden haben weniger mit schlechter Kommunikation zwischen rechter und linker Gehirnhälfte zu tun. Es handelt sich wahrscheinlich eher um ein Problem des AIZ und der ZBAD innerhalb der dominanten Gehirnhälfte. Das Problem hat damit zu tun, wie Selbstbild und Glaubenssystem während einer vergangenen Krise geformt wurden und/oder wie Sie sich jetzt in der Gegenwart zu grundsätzlich ähnlichen Situationen verhalten. Der daraus resultierende blinde Fleck wird gut in Gefühlen wie „mir geht es nicht gut" oder „irgendwas stimmt nicht mit mir" ausgedrückt.

Denken Sie daran, daß der jetzige Zustand von damals herrührt, daß das Jetzt immer vom Damals beeinflußt wird, positiv oder negativ, je nachdem. Vergangene Probleme aktivieren die gleiche unterbewußte Reaktion wie damals für ein bewußt wahrgenommenes Problem in der Gegenwart. Der einzige Weg, Auswirkungen aus der Vergangenheit (und die damit verbundene AIZ-Einschaltung) zu beseitigen, besteht darin, die Energie vom hinteren zum vorderen Gehirn zu bewegen, damit die ZBAD-Eingabe im Bewußtsein erfaßt und damit eine positive Wahlmöglichkeit geschaffen wird.

Mit dem Wissen über die Grundstrukturen des Gehirns erhält die Auflösung von emotionalem Streß logischen Sinn. Es handelt sich dabei um die Konzentration von Energie in dem Teil des Gehirns, der die vorteilhafteste Art von geistiger Aktivität entwickelt. Energie im Gehirn wird konzentriert, indem vaskuläre und zerebrospinale Flüssigkeiten durch anhaltende Berührung dank der wärmenden magnetischen Energie der Finger und/oder Hände in den berührten Bereich gelenkt werden .

Es gibt drei *ONE BRAIN*-Korrekturen für die Auflösung von emotionalem Streß: Berühren der Stirnbeinhöcker für gegenwärtigen Streß, Berühren von Stirnbeinhöckern und Hinterhaupt für Stressoren aus der Vergangenheit und Körper-Scanning, um im Körper Energieblockaden aus Gegenwart oder Vergangenheit zu lokalisieren.

Für gegenwärtige Stressoren:
Berühren der Stirnbeinhöcker

Wenn die Berührung von Ringfinger und Daumen eine Indikatorveränderung hervorgerufen hat, bitten Sie die Testperson, den wahrscheinlichen gegenwärtigen Stressor zu identifizieren und in dieser Situation die Augen zu schließen und sich nur auf diesen Stressor zu konzentrieren. Testen Sie nochmals. Wenn sich der Indikator verändert, korrigieren Sie über die Stirnbeinhöcker.

Berühren Sie einen Stirnbeinhöcker mit zwei Fingerspitzen und den anderen mit dem Daumen. Sie können auch die ganze Stirn mit der Hand bedecken (Abb. 49).

Die Berührung zieht die äußere und innere Zirkulation vom Schläfenlappen der dominanten Gehirnhälfte weg und konzentriert die Gehirntätigkeit unterhalb des berührten Bereichs. Berühren Sie die Stirnbeinhöcker nur ganz leicht für etwa eine Minute, und erinneren Sie die Testperson immer wieder an regelmäßiges Atmen.

Während des Berührens ist es wichtig, daß Sie sich entspannen und sich nur darauf konzentrieren, was Sie durch die Berührung wahrnehmen. Achten Sie auf den Puls der Stirnbeinhöcker unter Ihren Fingerspitzen und darauf, ob sich der Puls links und rechts unterscheidet.

Wenn Sie diese Technik zum ersten Mal anwenden, ist es möglich, daß Sie überhaupt keinen Unterschied zwischen linkem und rechtem Puls feststellen oder überhaupt keinen Puls erkennen. Kein Grund zur Sorge! Nach mehreren derartigen Sitzungen wird sich das Gefühl dafür von selbst einstellen. Es ist vorhanden, Sie müssen sich dafür nur Zeit und Gelegenheit geben, das Bewußtsein kommt von selbst.

Sie haben nun die Gelegenheit, Ihrer Testperson bei der bewußten Auflösung von Stressoren zu helfen. Hier einige Vorschläge:

1. Bitten Sie die Testperson, sich an die streßgeladene Situation zu erinnern, und lassen Sie sie diese Situation schweigend und so detailliert wie möglich im Geiste durchspielen. Die Situation soll von Anfang bis Ende durchgegangen werden, danach soll die Testperson tief Luft holen. Der Grund, warum dabei nicht gesprochen werden soll, liegt in der Art der Grundstrukturen des Gehirns. Sprache schaltet die Sprachzentren ein, die wiederum so eng mit der AIZ

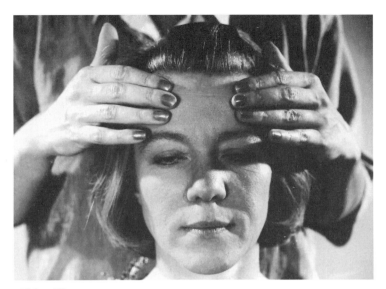

Abb. 49

verbunden sind, daß die gewünschte Energieverschiebung verlangsamt wird.

Wenn der tiefe Atemzug das Ende des gedanklichen Durchspielens anzeigt, bitten Sie die Testperson, diesen Prozeß noch zweimal zu wiederholen und mit jeder Wiederholung mehr Einzelheiten zu sehen, zu hören und zu fühlen. Je mehr dieser Einzelheiten wir während der Ausschaltung von emotionalem Streß sehen und fühlen, desto besser kann der Einfluß ausgeschaltet werden, den die Gesamterinnerung auf jeden Teil des Gehirns hat, in dem sie gespeichert ist. Das Ende des gedanklichen Durchspielens sollte von der Testperson wieder mit einem tiefen Atemzug angezeigt werden.

2. Fragen Sie: „Gibt es irgendwelche Fähigkeiten oder ein Wissen, mit dessen Einsatz Sie die Situation hätten verändern, verbessern oder angemessener gestalten können? Wenn Sie die Situation nochmal vor sich hätten, was würden Sie anders machen?" Jetzt kann verbalisiert werden, da die AIZ jetzt neue Möglichkeiten außer den alten unproduktiven Überlebensmustern kennengelernt hat. Sobald Ihrer Testperson eine Möglichkeit einfällt, lassen Sie sie die ursprüngliche Situation nochmals in Ruhe durchgehen, jedoch unter Zuhilfenahme der neuen Möglichkeit mit positivem Ausgang. Das Ende lassen Sie sich wieder mit einem tiefen Atemzug anzeigen.

Mit diesem Schritt wird das Bewußtsein dahingehend programmiert, in allen zukünftigen ähnlichen Situationen anders zu reagieren. Bedenken Sie, daß das Gehirn nicht zwischen echter und vorgestellter Erfahrung unterscheidet. Ein veränderter Ausgang, wird als real und echt registriert, auch wenn die Erfahrung nur in der Vorstellung gemacht wurde. Sie haben damit nicht nur die emotionale Ladung der Situation ausgeschaltet, sondern auch den positiven Lerneffekt der Situation herausgestellt.

Berühren Sie die Stirnbeinhöcker, bis Sie fühlen, daß sich die Pulse synchronisieren. Dann lassen Sie die Testperson nochmals tief durchatmen. Bringen Sie den Indikatormuskel wieder in die Ausgangsstellung, bitten Sie die Testperson, sich noch einmal an den Stressor zu erinnern, und überprüfen Sie die Korrektur durch abermaligen Test.

Für vergangene Stressoren: Stirn/Hinterhaupt-Kontakt

Benutzen Sie diese Technik für alle Anzeigen des emotionalen Fingerdeterminators während einer Altersrezession. Sie können damit auch jede emotionale Korrektur verstärken, die in der Gegenwart als Folge der Altersrezession notwendig ist.

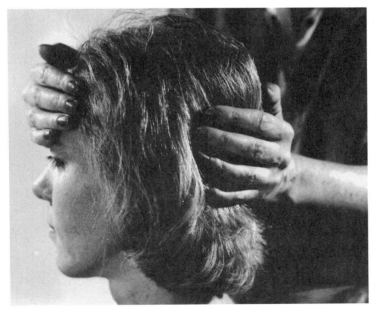

Abb. 50

Während die Testperson steht, sitzt oder liegt (je nachdem, welche Position angebracht ist), berühren Sie die Stirnbeinhöcker mit einer Hand und den Hinterkopf über dem primären visuellen Bereich beider Hinterhauptslappen mit der anderen Hand. Erinnern Sie die Person auch immer wieder ans Atmen, während Sie diesen Stirn/Hinterhaupt-Kontakt halten.

Synchronisieren Sie auch Ihre eigene Atmung mit der Ihrer Testperson. Widmen Sie dem Prozeß Ihre ungeteilte Aufmerksamkeit, indem Sie sich einfühlen!

Während der Altersrezession sollte die Person die in den verschiedenen Zeitperioden auftretenden Situationen aus dem gleichen Grund verbalisieren, wie bereits beim Berühren der Stirnbeinhöcker beschrieben. Je mehr Gedächtnisneuronen Sie durch Beteiligung aller Sinne aktivieren können, umso mehr negative Emotionen werden abgelöst.

Das Lösen der Probleme an sich ist allerdings nicht Ihre Aufgabe. Jeder „veränderte Ausgang" der Situation muß von der Person selbst kommen, sonst stehen Sie nur im Weg. Beschränken Sie sich auf Fragen danach, was gesehen, gehört oder berührt wurde; nach der Temperatur, die herrschte, der Tageszeit, dem Ort und danach, wer mitspielte, – also auf Fragen, die dazu führen, daß mehr Einzelheiten in der Erinnerung aktiviert werden.

Ein spontaner tiefer Atemzug oder Seufzer zeigt den Abschluß einer Station während der Altersrezession an. Überprüfen Sie aber immer durch Test, ob die Korrektur auch wirklich abgeschlossen ist.

Zur Verwendung für Vergangenheit oder Gegenwart: Körper-Scanning

Das Körper-Scanning eignet sich sehr gut, um eine blockierte oder eingeschlossene Energie zu lokalisieren, die mit einem spezifischen emotionalen Stressor zusammenhängt. Testen Sie mit der einen Hand, während Sie mit der anderen den Körper scannen. Halten Sie die „Scanner„-Hand circa zwei bis drei Zentimeter über dem Körper und beginnen Sie beim Kopf. Gehen Sie über den Kopf auf einer Seite des Körpers, über die Ohren und Schultern, die Seite hinunter bis zu den Füßen und die andere Seite wieder hinauf. Als nächstes prüfen Sie die Mittellinie, dann an der Vorderseite eines Beines hinunter und am anderen wieder hinauf. Verfahren Sie genauso mit dem Rücken. Prüfen Sie auch entlang der Mittellinie von der höchsten Stelle des Kopfes, das Rückgrat hinunter, dann die Rückseite der Beine. Notieren Sie die Bereiche des Körpers, die eine Indikatorveränderung bewirken.

Indikatorveränderungen während des Körper-Scannings zeigen an, daß die Ablösung der emotionalen Ladung noch nicht ganz abgeschlossen ist. Benutzen Sie zur Korrektur das Berühren der Stirnbeinhöcker, während Sie gleichzeitig den Bereich am Körper berühren, der die Indikatorveränderung auslöste. Erinnern Sie die Testperson stets an die Atmung!

Die Körperzone, die die Indikatorveränderung bewirkte, gibt wertvolle Informationen darüber, wie Sie den Entschärfungsprozeß unterstützen können.

Falls die Ohren diese Zone waren, könnten Sie fragen: „Gab es etwas, das Sie nicht hören wollten?" Wenn es die Kehle war: „War es etwas, das Sie sagen sollten, aber nicht wollten oder konnten?" Wenn es die Füße waren: „Gab es etwas, vor dem Sie weglaufen wollten?" Bei den Händen: „Wen wollten Sie schlagen?" Bei den Schultern: „Gibt es eine Verantwortung, die Sie sich nicht aufladen wollten?"

Lassen Sie sich Rückmeldung geben und übernehmen Sie die Rolle des guten Zuhörers oder der „Ersatz-Zielscheibe", je nachdem, was sich anbietet. Falls zum Beispiel etwas nicht gesagt wurde, können Sie die Person auffordern, es jetzt zu Ihnen zu sagen. Vertrauen Sie auf Ihre Intuition und Vorstellungskraft. Denken Sie daran, daß allein das Annehmen der schmerzhaften Situation schon hilft, sie zu entschärfen.

Bei der Entschärfung über Körper-Scanning ist eine Hand zum Halten der Stirnbeinhöcker und die andere zum Berühren der Körperzone, die eine Indikatorveränderung bewirkte, zu benutzen. Wenn Sie das Gefühl haben, der Prozeß sei abgeschlossen, lassen Sie die Person tief Luft holen und testen anschließend noch einmal, um die Korrektur zu überprüfen.

182

DIE KATEGORIE NAHRUNG/GENETIK

Nahrung/Genetik-Test / 131

Wenn der Indikator beim Testen nachgibt, sobald Sie Mittelfinger und Daumen zusammenbringen, bedeutet dies, daß die Kategorie Nahrung/Genetik Streß verursacht. Im allgemeinen bedeutet dies, daß der Körper auf bestimmte Nahrungsmittel, Medikamente oder Nahrungssupplemente allergisch reagiert, aufgrund der den genetisch festgelegten Bedürfnissen des Körpers widersprechenden Eigenschaften dieser Substanz. Das dadurch hervorgerufene Gefühl läßt sich so beschreiben: „Es stimmt etwas nicht mit meinem Körper, aber ich weiß nicht, warum und was es ist."

Speziell der Punkt auf der Glabella steht in Beziehung zum Bedarf des Körpers an zusätzlicher DNS und/oder RNS, einer Substanz, die beim Balancieren der beiden Gehirnhälften hilft. Ein schwacher Indikator zeigt hier an, daß die Testperson von der Gabe eines Nährstoffsupplements dieser Art profitieren würde.

Andererseits kann der Körper auch dehydriert sein und Wasser benötigen. Ein dehydriertes System ist ein schlechter Leiter für die elektrochemischen Botschaften an Nerven und Muskeln. Testen Sie dies, und falls ein im Mund gehaltener Schluck Wasser den Muskel standhalten läßt, lassen Sie die Person ein oder mehrere Gläser Wasser trinken, bevor Sie fortfahren. Nachdem das Wasser getrunken wurde, überprüfen Sie die Kategorie noch einmal durch Test.

In den Handbüchern *ONE BRAIN II* und *STRUCTU-RAL NEUROLOGY* gehen wir auf Nahrungstests in Bezug auf ungünstige Eigenschaften verschiedener Substanzen näher ein. Für Ihre Zwecke bei den *ONE BRAIN*-Basis-Korrekturen sollten Sie der Testperson vorschlagen, die einzelnen Möglichkeiten mit einem Therapeuten seiner Wahl zu besprechen.

Symbolisch gesehen steht die „Genetik"-Hälfte dieser Kategorie für die grundlegenden Strukturen von Körper und Gehirn, die durch die Erbanlagen von Vater und Mutter festgelegt sind. Es ist daher gut möglich, daß ein schwacher Indikator in dieser Kategorie darauf hinweist, daß Mutter und Vater möglicherweise ein Thema sind. Nicht unbedingt die leibhaftigen Eltern, obwohl sehr oft gerade das der Fall ist, sondern auch die genetischen Unterschiede innerhalb der Struktur eines Menschen, die „in verschiedene Richtungen ziehen", genauso wie Mama und Papa oft gegeneinander „zogen", während wir aufwuchsen. Die Person könnte die mütterlichen Einflüsse ablehnen, die in ihr auftauchen, oder „der Vater in ihr" könnte Störungen verursachen. Es ist wertvoll und interessant, auch diesen Aspekt zu überprüfen. Sicherlich erhalten Sie dadurch einige wichtige Hinweise für das Verbalisieren während des Altersrezessionsprozesses, sofern Nahrung/Genetik dort als wichtiger Teil des Bildes auftaucht.

DIE STRUKTURELLE KATEGORIE

Fixierung / 118   *AIZ / 133*

Im Sinne von *ONE BRAIN* haben Ausfälle in der strukturellen Kategorie mit den Auswirkungen der stärksten Streßreaktion des dominanten Hinterhirns, nämlich mit der totalen Abschaltung des Systems, zu tun. Dies führt zu einem Gefühl des Getrenntseins von allem, der Welt und den Beziehungen. Die betroffene Person fühlt sich unwichtig, unbeweglich und niedergeschlagen.

Fixierung

Wenn die Berührung von Zeigefinger und Daumen schwach testet, überprüfen Sie auf Fixierung. Sollte das Ansehen einer schwarzen Fläche wiederum eine Indikatorschwäche bewirken, so richten Sie 30 bis 60 Sekunden lang einen Lichtstrahl auf den Glabella-Punkt und testen noch einmal (Vgl. Abb. 51, nächste Seite).

AIZ

In unserer westlichen Kultur stärken die meisten Leute vor allem ihre Rückenmuskulatur, unwissend, daß das wirkliche Problem die Balance zwischen Rücken- und Bauchmuskulatur ist. Ein Mangel an Balance zwischen diesen beiden Systemen führt oft zu Schmerzen im unteren Rückenbereich. Und trotzdem glauben viele von uns, daß die Hilfe bei Beschwerden im unteren

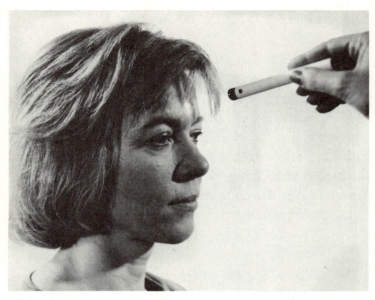

Abb. 51

Rückenbereich durch Stärkung der Rückenmuskulatur erfolgt! Zu diesem Zweck ausgeführte Übungen führen oft zu lang anhaltenden Schmerzen, begründet in einer überaus starren Wirbelsäulenmuskulatur.

Tatsächlich können die Energieflüsse durch den Körper blockiert werden, wenn sich eine bestimmte Muskelgruppe „verkrampft." Bei Soldaten in „Habt Acht"-Stellung zum Beispiel verkrampfen sich gerne die Schultermuskeln, was wiederum zur Verkrampfung der Rückenmuskulatur führt und schließlich zur Verkrampfung der Knie. Nach relativ kurzer Zeit – 10 bis 15 Minuten – in dieser Haltung ist die Wahrscheinlichkeit groß, daß sie ohnmächtig werden und umfallen. Verkrampfte Muskeln auf der Rückseite der Beine und

Knie sind dabei verantwortlich für die Behinderung der Durchblutung und des Energieflusses zum Gehirn.

Im täglichen Leben sind wir unsere eigenen Drill-Ausbilder. Wir stehen stramm, sobald eine Bedrohung in Sicht kommt. Wir werden starr vor Angst, und es tritt wieder die gleiche Verkrampfung auf. Obwohl wir uns kaum 10 oder 15 Minuten lang in einer fixierten physischen Position befinden, ist der Effekt so ziemlich der gleiche. Natürlich werden wir geistig genauso starr wie physisch. Die folgende Korrektur bewirkt Wunder hinsichtlich der Wiederherstellung der Energiebalance.

1 Beinmuskel-Befreiung:

Legen Sie sich flach auf den Rücken, Beine angewinkelt, Fersen auf dem Boden, das Kinn zum Hals hin angezogen. Versuchen Sie, die Wirbelsäule so flach wie möglich auf dem Boden zu halten, während Sie ein Bein strecken, es so weit wie möglich anheben und sich die Entfernung merken. Dann zupfen Sie kräftig an der Achillessehne (Vgl. Abb. 52 a) und verfahren genauso mit den Kniesehnen, die sich auf der Rückseite des Knies und einige Zentimeter darüber am Oberschenkel befinden (Abb. 52 b).

Heben Sie dieses Bein danach wieder so hoch wie möglich an. Geht es jetzt höher als vorher? Wiederholen Sie das Zupfen an Achilles- und Kniesehne und heben Sie das Bein zum dritten Mal so hoch wie möglich. Achten Sie darauf, ob Sie jetzt bequemer hochkommen. Wiederholen Sie das Zupfen noch ein letzes Mal, entspannen Sie sich und stellen Sie das Bein auf den Boden. Jetzt vergleichen Sie die Art, in der beide Beine auf dem Boden stehen. Vergleichen Sie auch, wie sich die beiden Körperhälften im Verhältnis zum Boden anfühlen.

Wiederholen Sie die Korrektur mit dem anderen Bein.

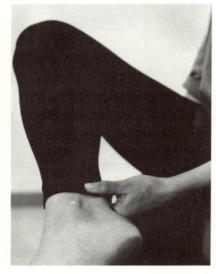

Abb. 52 a

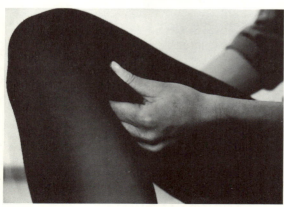

Abb. 52 b

2. Schulter/Nackenmuskel-Befreiung:

Zur Entspannung verspannter Schultern setzen Sie sich auf einen Stuhl und halten beide Füße flach auf dem Boden. Legen Sie Ihre rechte Hand auf die linke Schulter in die Mitte des Trapezmuskels zwischen Nacken und Schulter. Drücken Sie kräftig auf den Trapezmuskel, um ihn zu stabilisieren, und lassen Sie dabei den Arm locker hängen.

Dann bewegen Sie einige Male die Schulter hin und her und drehen sie von vorn nach hinten. Beschreiben Sie mit der Schulteraußenseite Kreise, während Sie den Trapezmuskel weiterhin festhalten, so daß er bei der Bewegung eine möglichst geringe Rolle spielt. Danach überprüfen Sie die Korrektur durch nochmaliges Testen.

Abb. 53

DIE KATEGORIE REAKTIVE MUSKELN

Wie schon erwähnt, reagiert der ganze Körper auf ein Trauma, das wir „auf uns zukommen sehen" und/oder bedrohlich „auf uns zukommen hören". Die Muskeln, die in diesem Moment eingeschaltet waren, erleiden das gleiche emotionale Trauma wie das Gehirn, sie reagieren wie eingefroren und zwingen dadurch andere Muskeln, für sie einzuspringen. Die Korrekturen für Augen- und Ohren-Kurzschlüsse wirken nur auf die Augen und Ohren selbst. Die reaktiven Korrekturen lösen die „eingefrorenen" Muskelstrukturen, die mit den körperlichen Traumata in Verbindung stehen, die wiederum ausgelöst wurden durch das, was wir sahen oder hörten.

Wenn während des Testens eine Hand über die Mittellinie des Kopfes gehalten wird, zeigt ein Nachgeben des Indikators an, daß ein reaktiver Zustand korrigiert werden soll. Solche Zustände äußern sich vor allem als chronische, unerklärliche, „immer wiederkehrende Schmerzen" oder „Steifheit und Empfindlichkeit", die mit den jeweiligen Aktivitäten scheinbar nichts zu tun haben. (In Wahrheit haben sie natürlich damit zu tun, und zwar durch Aktivierung vergangener Traumata, die nicht verarbeitet wurden!).

Kurzschluß der Augen

Überzeugen Sie sich zunächst, daß kurzgeschlossene Augen bereits korrigiert sind. Dann lassen Sie die Person in eine Blickrichtung schauen (zum Beispiel links oben), während Sie alle fünf Indikatormuskeln prüfen.

Falls einer dieser Muskeln nachgibt, liegt Reaktivität vor.

Die Korrektur ist die gleiche wie für kurzgeschlossene Augen. Indem die Neuronen der beteiligten Muskeln vorher aktiviert wurden, bewirkt die Korrektur jetzt ein Auflösen des reaktiven Verhaltensmusters. Testen Sie nochmals, um die Korrektur zu überprüfen.

Kurzschluß der Ohren

Überzeugen Sie sich zunächst, daß kurzgeschlossene Ohren bereits korrigiert sind. Lassen Sie die Person den Kopf in eine Richtung drehen und in dieser halten, während Sie alle fünf Indikatormuskeln prüfen. Falls einer dieser Muskeln nachgibt, liegt Reaktivität vor.

Die Korrektur ist die gleiche wie für kurzgeschlossene Ohren. Testen Sie noch einmal nach, um die Korrektur zu überprüfen.

Auf das Überkreuzmuster bezogene reaktive Muskeln

Kurzgeschlossene Augen treten auf, weil die dominante Gehirnhälfte und die AIZ es vorziehen, sich „blind" zu stellen, anstatt einer Gefahr gleich ins Auge zu sehen. Reaktive Muskeln auf das Überkreuzmuster lassen sich auf eine Zeit zurückverfolgen, als die dominante Gehirnhälfte und die AIZ während einer streßreichen Periode die Tür zu den bildhaften Botschaften der zweiten Gehirnhälfte geschlossen haben. Es ist also kein

Wunder, daß die Grundlagen der Korrektur für beide reaktiven Zustände so ähnlich sind.

Die auf dem Rücken liegende Testperson soll sich mit geschlossenen Augen ein X vorstellen, während Sie alle fünf Indikatormuskeln testen. Falls einer der Muskeln nachgibt, lassen Sie die Person sich weiterhin ein X vorstellen, während sie die bereits beschriebene Überkreuzmusterkorrektur im Liegen ausführen lassen. Zuerst lassen Sie mit der Vorstellung des X Überkreuzbewegungen machen und dann mit der Vorstellung von parallelen Linien Homolateralbewegungen. Dieser Wechselzyklus wird mindestens noch zweimal wiederholt. Beenden Sie die Korrektur, während die Person sich weiterhin ein X vorstellt. Testen Sie zur Überprüfung der Korrektur, während die Person sich das X vorstellt. Alle Muskeln sollten standhalten. Testen Sie nochmals, während die Person sich parallele Linien vorstellt. Alle Muskeln sollten nachgeben. Damit haben Sie die Korrektur abgeschlossen.

ZUSAMMENFASSUNG:
Der *ONE BRAIN*-Korrekturprozeß

Sie können jetzt beginnen, die bisher vermittelte Information einzusetzen. Die Menge der vorgestellten Informationen hat Sie wahrscheinlich überwältigt, und Sie wundern sich, wie das alles zusammenpaßt. Deshalb hier ein zusammenfassender Überblick:

Wenn die Eingangstests abgeschlossen sind, verankern Sie „Gegenwart/jetzt" durch Testen.

Verankern Sie das Thema Emotionales Streß-Statement durch Testen und erinnern Sie die Testperson an den Prozentsatz der Negativen Emotionalen Ladung zu diesem Thema.

Korrigieren Sie alle gegenwärtig anzeigenden Fingerdeterminatoren.

Führen Sie die Altersrezession durch, bis der Indikator bei einem bestimmten Alter nachgibt. Stellen Sie den Prozentsatz der Negativen Emotionalen Ladung fest. Testen Sie die Fingerdeterminatoren und korrigieren Sie alle Ausfälle, bis die Negative Emotionale Ladung 0 % ist.

Kehren Sie zu „Gegenwart/jetzt" zurück. Testen Sie die Fingerdeterminatoren und korrigieren Sie alle Ausfälle.

Führen Sie nochmals die Altersrezession durch, bis der Indikator nachgibt. Stellen Sie den Prozentsatz der Negativen Emotionalen Ladung fest. Testen Sie die Fingerdeterminatoren und korrigieren Sie, bis eine Negative Emotionale Ladung von 0 % erreicht ist.

Kehren Sie zurück zu „Gegenwart/jetzt". Testen Sie die Fingerdeterminatoren und korrigieren Sie, bis alle Determinatoren „stark" anzeigen.

Fahren Sie in der Altersrezession fort, bis der Indikator von Gegenwart bis Empfängnis standhält. Kehren Sie zurück zu „Gegenwart/jetzt", überprüfen Sie die Fingerdeterminatoren und korrigieren Sie, falls nötig.
Überprüfen Sie noch einmal, ob die Negative Emotionale Ladung zum gesamten Thema jetzt auf 0 % ist. Damit ist die Korrektur beendet.

Überprüfen Sie die Eingangstests nochmals: Testen Sie jede einzelne Kategorie, die ein Nachgeben des Indikators verursachte. Die Testperson wird erstaunt feststellen, daß der Indikator jetzt bei fast jeder Kategorie standhält. (Das Wort „fast" bezieht sich nur auf sehr wenige Leute; üblicherweise wurden alle Kategorien mitkorrigiert.)
Wenn immer noch eine Testkategorie „schwach" anzeigen sollte, respektieren Sie die Wichtigkeit dieses Elementes für das Verständnis der Natur des legasthenischen Musters bei der betroffenen Person. Holen Sie tief Luft, krempeln Sie in Gedanken Ihre Ärmel hoch und machen Sie sich klar, daß Sie jetzt zum Kern des Problems vorgestoßen sind.

Gehen Sie in der oben angegebenen Reihenfolge vor, um alle noch verbleibenden Ausfälle zu korrigieren, beginnend mit dem Test des Prozentsatzes an Negativer Emotionaler Ladung zu diesem spezifischen Thema.

Betonen Sie die Bedeutung der Hausaufgaben!

Zum Abschluß der Sitzung sollten Sie über die Fingerdeterminatoren die zur Verstärkung günstigste Hausaufgabe und deren benötigte Dauer austesten.

Gehen Sie einfach die Fingerdeterminatoren durch. Wenn der Indikator nachgibt, testen Sie die jeweiligen Kategorien. Die nächste Indikatorschwäche nennt Ihnen die Art der zu Hause durchzuführenden Korrektur, deren Dauer Sie über Abfragen testen: „länger als 1 Woche", „weniger als 1 Woche" usw. Dann „wie oft am Tag?" und „wieviele Wiederholungen jeweils?". Vertrauen Sie darauf, daß der Körper weiß, was der Geist nur raten kann.

Abgesehen von der unterstützenden Wirkung haben die Hausarbeiten den Effekt, daß die Testperson selbst die Verantwortung für die Verbesserung ihrer Situation übernimmt. Die Wiederholung der entsprechenden Korrektur bahnt nicht nur neue neuronale Verbindungen, sondern baut auch das Selbstbewußtsein und das Selbstbild auf.

Lösen Sie jegliche Negative Emotionale Ladung aus der Sitzung selbst auf!

Durch die angesprochenen Themen könnte in der Sitzung Negative Emotionale Ladung aufgebaut worden sein. Das Aufrühren von schmerzhaften Erinnerungen, das Lösen von Energien und die Auflösung eingebetteter Überlebensreaktionen können unerfüllte Gefühle hervorrufen. Das Auflösen solcher Restladungen sichert Ihnen, daß Ihre Testperson die Sitzung mit einem zufriedenen, abgerundeten Gefühl verläßt.

Testen Sie die Fingerdeterminatoren durch und korrigieren Sie, bis keiner mehr anzeigt und die Negative Emotionale Ladung auf 0 % ist.

Würdigen Sie das Erreichte!

Werden Sie sich über die Bedeutung dessen klar, was Sie und Ihre Testperson gerade erreicht haben! Sie haben herausgefunden, auf welche spezifische Art diese Person die Wahrnehmung in einem bestimmten Lernbereich blockierte, und haben nach der Identifizierung der Energieblockaden diese gelöst. Darüber hinaus weiß Ihre Testperson, daß Sie eine positive Veränderung bewirkt haben, da fast alles, was vorher schwach testete, jetzt standhält.

Außerdem demonstriert die Altersrezession, daß jeder von uns früher aus Überlebensgründen Lernblockaden errichtet hat und diese beibehält. Nachdem diese negative Entscheidung der Vergangenheit gelöscht wurde, befreien wir uns selbst, um neue und vorteilhaftere Entscheidungen in der Gegenwart zu treffen, so wie auch die Hausaufgaben für eine effektivere Zukunft sorgen sollen.

Kapitel 9

Der Ablauf von Untersuchung und Korrektur

Darsteller:
Sie = der Tester und
Lisa = die Testperson

1. Die Untersuchung

Sie: „Wie alt bist du, Lisa? Und gibt es etwas, auf das ich beim Testen der Muskeln achten muß, wie schmerzende Schultern, Knie oder Muskeln?"

Lisa: „Ich bin 14. Mir geht's gut, keine Beschwerden oder Schmerzen."

Sie: „In Ordnung, Lisa. Zuerst werde ich mir Deine Augen ansehen, um festzustellen, ob es da ein erkennbares Zeichen für Streß gibt: Hmmm, unter der einen Iris ist mehr Weiß zu erkennen als unter der anderen – wir nennen das Streß der Stufe 2. Das führt zu Problemen in der räumlichen Wahrnehmung. Hast du in letzter Zeit häufiger Mißgeschicke erlebt?"

Lisa: „Ja, ich glaube schon, jetzt, da du es sagst." (Ja, Stufe 2 auf Testbogen ankreuzen).

Sie: „Als nächstes suchen wir einen Muskel mit klarem Funktionskreis, den wir beim Testen benutzen. Ich werde mir jetzt fünf der am einfachsten zu testenden Muskeln ansehen, und ich werde alle in Kontraktion und Extension prüfen und mich vergewissern, daß sie einen freien Funktionskreis haben, indem ich eine Spindelzellenmethode anwende, die sie zunächst schwächt, dann wieder stärkt." (Wählen Sie den M. deltoideus anterior als Indikatormuskel und nehmen Sie die entsprechenden Eintragungen vor.)

„Gut. Jetzt überprüfen wir auf Switching, d.h. wir werden herausfinden, ob jetzt beide Gehirnhälften zusammenarbeiten. Zuerst teste ich den rechten Deltoideus anterior mit einer Hand, also mit einer Polarität. Dann wechsle ich die Hände und damit die Polarität und teste wieder. Nun teste ich beide Arme zugleich, also mit einer Polarität. Dann wechsle ich die Hände und teste nochmals." (Indikatorveränderung!)

Lisa: „Was bedeutet das?"

Sie: „Eine Gehirnhälfte übersteuert die andere. Wir korrigieren das Switching, bevor wir weitermachen. Ich werde es dir zeigen. Denke daran zu atmen, während wir die Korrektur durchführen!" (Demonstrieren Sie alle Korrekturpunkte, Nabel berühren, Ni 27 massieren, etc.) „Jetzt mach die Korrektur selbst. Gut!" (Der Indikator hält stand. Test notieren). „Fühlst du dich anders?"

Lisa: „Ich glaube, mein Kopf fühlt sich jetzt freier an. Das kann jedoch auch am Atmen liegen. Ich glaube, ich vergesse oft zu atmen."

Sie: „Jeder vergißt unter Streß, zu atmen. Man sollte stets daran denken. Ich werde dich immer wieder ans Atmen erinnern. Atmen hilft beim Zentrieren und Balancieren, vom Entspannen ganz zu schweigen. Also, atme! Gut, jetzt werden wir Zentral- und Gouverneursgefäß überprüfen, um zu sehen, ob sie normal fließen. Ich folge mit meiner Hand dem Zentralgefäß und teste. Keine Indikatorveränderungen. Jetzt streiche ich den Meridian in umgekehrter Richtung von der Unterlippe abwärts und teste. Jetzt verändert sich der Indikator." (O.k. beim Test notieren). „Jetzt prüfen wir das Gouverneursgefäß, indem ich meine Hand vom Steißbein zur Oberlippe führe, es gibt keine Indikatorveränderungen. Nun gehen wir zurück, und jetzt verändert sich der Indikator." (O.k. beim Test notieren.) „Bevor wir weitermachen, ist es gut, beide Meridiane in der richtigen Richtung entlangzufahren, um sie zu stützen." (Tun Sie das jetzt.)

Lisa: „Was jetzt?"

Sie: „Wir testen nun, wie du dich fühlst, wenn du die von jemand anders gesetzten Anforderungen erfüllen mußt. Wir prüfen, wieviel Negative Emotionale Ladung in Prozent dann auftritt, auf einer Skala von 1 bis 100. Lisa, welches deiner Schulfächer könnte am meisten verbessert werden?"

Lisa: „Die Rechtschreibung. Ich hasse sie."

Sie: „Stell dir vor, du müßtest eine Arbeit darüber schreiben" (Indikatorveränderungen). „Laß mich sehen, wie sehr diese Arbeit deinen Körper stressen würde. Ich werde jetzt von 0 bis 100 in Zehnerschritten zählen und dabei jedes Mal testen. 0 bis 10" (Test), „10 bis 20" (Test), „20 bis 30" (Test), „40 bis 50" (Test – der Indikator verändert sich). „Gut, es ist zwischen 40 und 50. Um jetzt den genauen Wert zu finden, werde ich mit dem höchsten anfangen und rückwärts testen, wie gerade eben. 50" (Test), „49" (Test), „48" (Test – Indikator hält stand!). „Es liegen also 48 % negative Ladung auf dem Erfüllen von Erwartungen anderer. Moment, ich will mir das notieren." (Hinweis: Falls sich Lisas Indikator nicht ändert, wenn sie an die Rechtschreibarbeit denkt, prüfen Sie auf Verblocktsein und/oder testen den Indikator beidseitig in Extension.)

Sie: „Jetzt wollen wir herausfinden, wieviel Negative Emotionale Aufladung entsteht, wenn du die Regeln für jemanden festsetzt."

Lisa: „Das tue ich nie."

Sie: „Wie steht's mit Kinderhüten?" (Oder was sonst dem Thema entspricht. Testen Sie die Negative Emotionale Aufladung in % und notieren Sie diese auf dem Testbogen). „Und jetzt, wie steht's mit deinen Anforderungen an dich selbst? Lisa, worin möchtest du in der Schule die Beste sein?"

Lisa: „Schwimmen; das liebe ich."

Sie: „Dann wollen wir mal sehen, ob du bei einem Schwimmwettkampf Negative Emotionale Ladung hast." (Testen und das Ergebnis auf dem Testbogen eintragen). „Jetzt kommen die Tests für Wahrnehmung beim Lesen. Lies zuerst einmal laut vor."

Lisa: „Oh nein, ich hasse lautes Lesen. Es ist mir peinlich!"

Sie: „Das geht fast jedem so. Andere Leute beurteilen einen immer, wenn man laut liest."

Lisa: „Ja, sie sagen 'Das Mädchen kann nicht lesen.'"

Sie: „Nun, der eigentliche Sinn dieses Testteils ist, daß du erkennst, wieviel leichter dir lautes Lesen fällt und wieviel besser es gehen wird, wenn wir die Korrekturen gemacht haben. Du wirst diese Verbesserung noch vor dem Ende der Sitzung erleben."

Lisa: „Du machst wohl Witze! Kann das sein?"

Sie: „Garantiert. Bist du bereit? Nimm dieses Buch. Halte es in einer Hand, während du liest, und ich teste deinen anderen Arm beim Lesen. Ich werde einen konstanten Test durchführen, d.h. wenn sich der Indikator ändert, werde ich ihn wieder in Position bringen und weitermachen." (Lisa liest vor, der Indikator ändert sich, wieder und wieder).

Hinweis: Falls es beim dominanten Arm in Kontraktion keine Veränderung gibt, bringen Sie ihn in Extension und wiederholen den Test; und/oder wiederholen Sie den Test mit dem anderen Arm in Kontraktion und

201

Extension. Wenn keine Veränderung eintritt, prüfen Sie auf Verblocktsein. Denken Sie bei allen Tests für die Lese-Wahrnehmung daran. Natürlich kann Verblocktsein ebenso oft wie Switching auftreten. Wenn also der Indikator bei unpassenden „Antworten" standhält, sollten Sie zuerst auf Verblocktsein prüfen. Vergessen Sie beim weiteren Vorgehen nicht die Notizen auf dem Testbogen.

Lisa: „Das war nicht sehr gut, oder?"

Sie: „Das war in Ordnung. Kannst du mir sagen, was du gelesen hast?"

Lisa: „Klar ... äh. Etwas über ... äh. Ich kann mich nicht erinnern. Das ist mir peinlich."

Sie: „Das wird beim nächsten Test bestimmt anders sein. Such dir nun einen anderen Abschnitt, fang mit dem letzten Wort an und lies laut rückwärts.

Lisa: (liest rückwärts und wird anschließend getestet) „Wieso tritt nun keine Indikatorveränderung auf?"

Sie: „Wahrscheinlich, weil du noch nie rückwärts lesen mußtest. Das macht eigentlich niemand. Und wenn eine Leistung nicht beurteilt wird, entsteht kein Streß. Auch liest du Wort für Wort, ohne darin einen Sinn erkennen zu müssen. Würdest du jetzt bitte einmal still lesen, während ich deinen Arm teste."

Lisa: „Klar ..." (Sie liest leise, während sie getestet wird. Der Indikator ändert sich, aber nicht so drastisch wie zuvor). „Ich glaube, das war besser als das laute Lesen."

Sie: „Ja, du warst nicht so sehr gestreßt. Kannst du mir sagen, was du gelesen hast?"

Lisa: „Etwas über legasthenische Kinder, denen ein Programm zur Bewältigung ihres Problems bewilligt wurde. Irgendwo im Norden."

Sie: „Gut. Der nächste Test macht wirklich Spaß. Sag bitte langsam Buchstabe für Buchstabe das Alphabet auf. Nach jedem Buchstaben machst du eine Pause, damit ich testen kann. Fang mit A an und nimm alle Buchstaben bis Z." (Lisa testet „schwach" bei I, U, W, Y und Z. Die Buchstaben werden notiert.) „Gut. Jetzt machen wir das gleiche wie eben, mit dem Unterschied, daß du dabei von 0 bis 10 zählst, o.k.?"

Lisa: „Klar, warum nicht ? Ich finde das interessant." (Der Indikator ändert sich bei 1, 3 und 7. Die Zahlen werden notiert.) „Ich frage mich, warum es gerade diese Zahlen sind."

Sie: „Du bist die einzige, die es wissen könnte. Es ist dein Arm."

Lisa: „Was kommt jetzt?"
Sie: „Wir nennen diesen Test 'die Mittellinie überqueren'. Schreib bitte ein bis zwei Sätze auf die Tafel und unterschreibe."
Lisa: „Was soll ich schreiben? Irgendwas?

Sie: „Ja, nur ein paar Sätze. Setze bitte Deine richtige Unterschrift drunter, mit Vor- und Zunamen." (Lisa schreibt) „Danke. Jetzt, da du fertig bist, schau dir dein Geschriebenes als solches an, während ich teste. Gut. Jetzt schau dir nur den linken Teil an." (Test) „Jetzt nur den mittleren Teil." (Test) „Und jetzt nur die rechte Seite." (Test). „Nun wollen wir sehen, wie du zu deinem Namen stehst. Schau zuerst deinen Vornamen an, während ich teste. Dann deinen zweiten Vornamen." (Test) „Jetzt noch deinen Nachnamen." (Die entsprechenden Eintragungen auf dem Testbogen vornehmen.)

Lisa: „Hat jeder so viele Indikatorveränderungen? Ich hätte nicht gedacht, daß ich legasthenisch bin."

Sie: „Wir sind alle irgendwie legasthenisch. Das muß sich nicht in Lese- oder Schreibstörungen äußern. Meistens zeigt es sich darin, daß man mit anderen Leuten nicht auskommt oder sich nicht o.k. fühlt. Das ist die gleiche Art von legasthenischer Störung, wie ein Verständnisproblem, es handelt sich nur um eine andere Art von Verständnis. Das alles ist die Folge von emotionalem Streß. Sobald der Streß wegfällt, ist auch das Problem weg. Können wir nun mit dem nächsten Test fortfahren?"

Lisa: „Sicher. Was soll ich tun?"

Sie: „Die nächsten Tests prüfen mögliche Kurzschlüsse, die die Augen betreffen. Wir testen mit offenen Augen, halte dabei den Kopf gerade und schau bitte ins Licht." (Sie halten eine Taschenlampe). „Ich halte die

Lampe in einer Position, teste dann, bewege sie in eine andere Position und teste wieder. Schau jeweils zum Licht. Zuerst nach oben" (Test), „dann nach rechts" (Test), „jetzt nach links" (Test), „jetzt geradeaus" (Test), „jetzt nach unten" (Test und entsprechende Eintragungen vornehmen).

„So, jetzt wollen wir sehen, ob es einen Unterschied macht, wenn du mit geschlossenen Augen die Augenposition veränderst. Schließe bitte die Augen. Ich werde dir die Blickrichtung sagen, du bringst deine Augen in diese Position und ich teste jeweils. Hoch" (Test), „nach rechts" (Test), „nach links" (Test), „geradeaus" (Test), „nach unten" (Test). (Entsprechende Eintragungen vornehmen).

„Als nächstes prüfen wir Nah- und Ferneinstellpositionen der Augen auf Streß. Ich halte die Lampe und du schaust sie an, während ich teste. Zuerst nah" (Test), „Dann auf Armlänge" (Test), „Jetzt weit weg, bis in die Ecke hier" (Test – Ergebnisse notieren).

„Der letzte Augentest besteht darin, daß du der zwanzigmal hin- und herschwingenden Taschenlampe nachschaust. Bewege dabei nicht den Kopf, sondern nur die Augen. Das entspricht übrigens etwa einer halben Stunde lesen. Der Test zeigt, wie sehr dein Körper dadurch gestreßt wird."

Lisa: „Oh, das weiß ich jetzt schon!"

Sie: „Laß uns sehen, was dein Körper dazu sagt. Los gehts. Ich zähle mit, eins, zwei, drei, vier, ..."

Lisa: „Da, bei 12 ändert sich der Indikator. Ich hätte nicht gedacht, daß er so lange halten würde."

Sie: (Entsprechende Notizen durchführen.) „Manche Leute können schon nach dem dritten Mal ihre Arme nicht mehr oben halten." Bist du bereit für den nächsten Test?"

Lisa: „Ich weiß nicht recht, mein Arm wird ziemlich müde."

Sie: „Wir sind fast fertig. Atme tief ein, bevor ich teste, dann wieder aus. Atmen ändert vieles; es hilft dem Körper zu entspannen."

Lisa: „Ja, richtig. Das hab ich vergessen." (Atmet) „O.k., ich bin bereit."

Sie: „Jetzt testen wir, ob die Ohren 'kurzgeschlossen' sind. Du drehst deinen Kopf nach rechts und ich teste, dann drehst du deinen Kopf nach links und ich teste wieder." (Notizen machen)

Lisa: „Auf dem Testbogen steht Fixierung als nächste Kategorie. Was bedeutet das?"

Sie: „Es bedeutet, daß Streß zu einer strapazierten Wirbelsäule führen kann. Mal sehen, ob das bei dir der Fall ist. Schau auf dieses schwarze Papier, während ich teste." (Keine Indikatorveränderungen. O.k. eintragen).

Lisa: „Ich bin wohl nicht fixiert, da der Muskel standgehalten hat."
Sie: „Richtig, du hast keine Fixierung. Das kann sich aber ändern, wenn wir die Altesrezession machen. Das

206

ist das Interessante an diesem Prozeß. Der Test des Überkreuzbewegungsmusters, der nun folgt, ist auch sehr wichtig. Laufe bitte auf der Stelle und bewege dabei Arme und Beine entgegengesetzt, die Hände sollen sich dabei über die Mittellinie bewegen."

Lisa: „Wie lange muß ich das tun?"

Sie: „Etwa sechsmal, dann teste ich." (Dies führt zu einer Indikatorveränderung. Notieren). „Jetzt geh noch einmal auf der Stelle, aber benutze dabei Arm und Bein auf der gleichen Seite und überquere nicht die Mittellinie." (Der Indikator hält nach der homolateralen Bewegung. Notieren). „Es gibt noch einen zweiten Teil, der den ersten überprüfen soll: Ich male jetzt ein großes X auf die Tafel. Bitte schau darauf, während ich teste." (Der Indikator ändert sich). „Jetzt ziehe ich zwei parallele vertikale Linien. Bitte schau diese an, während ich teste." (Indikator hält. Notieren).

Lisa: „Soll das so sein?"

Sie: „Nein, wir korrigieren das noch, bevor du gehst. Der nächste Test hat mit dem Knochen zu tun, der zwischen Kiefer und Kehlkopf liegt, mit dem Zungenbein. Nimm es bitte vorsichtig zwischen Daumen und Finger und bewege es behutsam, während ich teste." (Entsprechend dem Testergebnis Eintragungen machen.)

„Der 'Transversalfluß' ist eigentlich das Symbol für Unendlichkeit. Dieser Test hat mit dem zu tun, was passiert, wenn dein Energiefeld von außen gestört wird. Ich werde jetzt meine Hand entlang der Mittellinie deines

Körpers wedelnd bewegen und dann testen." (Ergebnis notieren.) „Es sieht so aus, als hätten wir nur noch drei Testkategorien vor uns."

Lisa: „Oh, gut. Mein Arm ist immer noch müde."

Sie: „Es hat mit der Atmung zu tun, weißt du noch? Jetzt kommt der Nahrungs- und Genetik-Test. Ich werde Deine Glabella mit den Fingerspitzen berühren und testen."
Lisa: „Was ist das?"

Sie: „Das ist hier zwischen den Augenbrauen, wo die beiden Hälften der vorderen Schädelknochen zusammentreffen. Die Hypophyse liegt genau dahinter. Ich berühre die Stelle mit zwei Fingern und teste."

Lisa: „Na, der Indikator hat diesmal standgehalten."

Sie: „Ja, diese Kategorie ist gut in Form." (Eintragen)

Lisa: „Was heißt AIZ?"

Sie: „AIZ heißt Allgemeine Integrations-Zone. Hier werden die Entscheidungen darüber getroffen, was für dich richtig ist, basierend auf Erfahrungen. Die AIZ befindet sich auf dem Schläfenlappen hinter deinem Ohr. Ich werde jetzt leicht auf diesen Bereich klopfen, ihn weiterhin berühren und testen. Kann es losgehen?"

Lisa: „Ja, und diesmal werde ich auch ans Atmen denken."

Sie: (Testen. Der Indikator hält. Ergebnis Notieren).
„O.k., Lisa, eine Kategorie noch. In welchem Schulfach würdest du gerne besser werden?"

Lisa: „Na, das kennen wir doch. Rechtschreibung natürlich. Das ist mir so zuwider!"

Sie: „O.k., wir testen jetzt den emotionalen Streß einer Aussage zum Thema Rechtschreibung. Sag bitte 'Ich will in der Rechtschreibung gut sein und vertraue meiner Fähigkeit zur guten Rechtschreibung', während ich deinen Arm in Kontraktion teste. Dann wiederhole bitte die Aussage, während ich den Arm in Extension teste. Bist du bereit?"

Lisa: „Klar. Ich will in der Rechtschreibung gut sein und vertraue meiner Fähigkeit zur guten Rechtschreibung." (Kontraktion hält stand.) „Und noch einmal: Ich will in der Rechtschreibung gut sein und vertraue meiner Fähigkeit zur guten Rechtschreibung." (Extension verändert den Indikator).

Sie: „Jetzt wiederhole den Satz, während ich den anderen Arm teste." (Die Testergebnisse sind genau entgegengesetzt. Entsprechend notieren.)

Lisa: „Das ist verblüffend! Ich bin wohl mit mir selbst uneinig in Sachen Rechtschreibung."

Sie: „Jetzt laß uns sehen, was eine negative Aussage zu diesem Thema ans Licht bringt. Diesmal sag: 'Ich will in der Rechtschreibung gar nicht gut sein und vertraue meiner Fähigkeit zu guter Rechtschreibung nicht', während ich einen Arm erst in Kontraktion, dann in Extension teste. Dann testen wir dieselbe Aussage mit dem anderen Arm." (Testen und Ergebnisse notieren).

Lisa: „Eine doppelte Botschaft!"

Sie: „Es wird eine einzige positive Botschaft sein, wenn wir die Korrekturen gemacht haben. Aber laß uns zunächst herausfinden, wieviel Negative Emotionale Ladung du zum Thema Rechtschreibung hast. (Dabei in Zehnerschritten von 1 bis 100 vorgehen.)

Lisa: „Mann, 93 % Negative Emotionale Ladung ist eine Menge!

Sie: „Kein Wunder, daß dir Rechtschreibung schwerfällt, mit all der Negativen Emotionalen Ladung dabei!"

2. Der Korrekturvorgang

Das Modell:

1. Negative Emotionale Ladung zum Thema herausfinden (in %).

2. Fingerdeterminatoren in der Gegenwart prüfen und korrigieren.

3. Rückgang im Alter (Altersrezession). Wenn sich der Indikator ändert, Prozentsatz der Negativen Emotionalen Ladung feststellen; Fingerdeterminatoren durchgehen (Test und Korrektur), bis alle standhalten und Negative Emotionale Ladung 0 % ist.

4. Zurück zur Gegenwart. Überprüfen und korrigieren der Fingerdeterminatoren.

5. Punkt 3. und 4. wiederholen, bis von Gegenwart bis Empfängnis keine Indikatoränderung mehr auftritt.

6. Zurück zur Gegenwart. Überprüfen und korrigieren der Fingerdeterminatoren. Überprüfen, ob Negative Emotionale Ladung zum Thema 0 % ist.

7. Lösen Sie jegliche auf die Sitzung selbst bezogene Negative Emotionale Ladung auf, und Sie haben es geschafft.

Sie: „O.k., Lisa, los geht's. Zuerst möchte ich dich daran erinnern, daß du zum Thema Rechtschreibung 93 % Negative Emotionale Ladung hattest. Wir werden heute daran arbeiten, diese negative Energie zu entschärfen, so daß du dich selbst fördern kannst und Fortschritte machst. Bevor wir die Altersrezession machen, um herauszufinden, seit wann du diese Einstellung zu diesem Thema hast, müssen wir sichergehen, daß deine Energiesysteme in der Gegenwart frei sind."

Lisa: „Energiesysteme? Was ist das?"

Sie: (Erklären Sie kurz die Fingerdeterminatoren und den reaktiven Determinator). „Es müssen die grundlegenden Streßkategorien überprüft werden. Willst du die Finger durchgehen, oder soll ich es tun?"

Lisa: „Beim ersten Mal möchte ich es lieber noch nicht selbst tun."

Sie: „Gut. Ich sage den Namen der Kategorie, dann teste ich, so daß du weißt, welche Kategorie die Indikatorveränderung bewirkt. Wir wollen die Entschärfung des negativen Stresses erreichen, der diese Indikatorveränderung bewirkt. Wenn der Muskel nach der Korrektur hält, weißt du, daß der negative Streß fort ist. In Ordnung? Ich werde deinen Arm mehrmals hintereinander testen und nur wenig Druck ausüben; wenn dein Arm müde wird, sag mir Bescheid. Ich werde dann zur extendierten Position übergehen oder einen anderen Muskel nehmen."

Lisa: „Ja, und ich werde auch daran denken, tief Luft zu holen, und beim Testen langsam ausatmen."

Sie: „Ich werde jeweils den Namen des Fingerdeterminators nennen und testen. Elektrisch" (Test), „Emotional" (Test), „Nahrung/Genetik" (Test), „Strukturell" (Test) „Reaktive" (Test, – keine Indikatorveränderungen) „Die Fingerdeterminatoren sind in der Gegenwart in Ordnung. Wir können also jetzt zur Altersrezession übergehen."

Lisa: „Du bist bestimmt froh, daß ich nicht 95 Jahre alt bin."

Sie: „Du bist 14, nicht wahr? Wir fangen mit der Gegenwart an, genau jetzt, bis 14" (Test) „Keine Indikatorveränderung, also weiter: 14 bis 10" (Test) „Alles klar hier, also: 10 bis Geburt" (Test) „und Indikatorveränderung."

Lisa: „Was jetzt?"

Sie: „Jetzt werden wir herausfinden, wie alt du genau warst, als „es" passierte, was immer „es" war. Ich werde von 10 abwärts zählen und jedes Alter testen. Wenn sich der Indikator verändert, haben wir es. 10, nichts. 9, nichts. 8, nichts. 7, nichts. 6, nichts. 5, und Veränderung! Zur Überprüfung: 4, und der Muskel hält. 6, und der Muskel hält. 5 ist es. Und wieviel Negative Emotionale Ladung?" (Sie testen den Wert.) „So, 84 % mit 5 Jahren.

Jetzt gehen wir nochmals die Fingerdeterminatoren durch. Ich sage den Namen der Kategorie und teste. Elektrisch. Emotional. Nahrung/Genetik. Strukturell. Da haben wir's. Der Indikator ändert sich bei 'Strukturell'. Wir müssen also zwei Punkte beim Struktur-Bereich prüfen, Fixierung und AIZ."

Lisa: „Wie machen wir das?"

Sie: „Genau so, wie während der Untersuchung, angefangen bei der Fixierung. Schau dir bitte dieses schwarze Blatt Papier an." (Indikator gibt nach). „Erinnerst du dich, Lisa? Als wir die Fixierung während der Untersuchung getestet haben, hat dein Arm gehalten. Jetzt, beim Alter von 5 Jahren, läßt der Anblick von Schwarz den Indikator nachgeben."

Lisa: „Wie korrigieren wir das?"

Sie: „Ich nehme meine Taschenlampe und leuchte genau zwischen deine Augenbrauen. Du kannst Deine Augen schließen, wenn du willst." (Sie führen die Korrektur durch.) „Jetzt testen wir nochmals, um zu sehen, ob es gewirkt hat. Schau noch einmal auf das schwarze Papier, während ich teste." (Der Indikator hält). „Es sieht so aus, als hätten wir die Fixierung im Alter von fünf Jahren gelöst. Aber wir müssen sicher sein, daß da nicht noch mehr vorlag. Laß uns nochmals die Fingerdeterminatoren durchgehen. Ich sage das Alter und die Kategorie, während ich die entsprechende Fingerspitze mit meinem Daumen berühre, dann teste ich. Los geht's: 5 Jahre, hält. Elektrisch, hält. Emotional, hält. Nahrung/Genetik, hält. Strukturell, hält. Das Alter von fünf Jahren bewirkt jetzt in keiner Kategorie mehr eine Indikatorveränderung. Überprüfen wir nochmals die Negative Emotionale Ladung. Sie ist 0 %, wir können also in die Gegenwart zurückkehren. Alter 5 bis 10 Jahre" (Test), „10 bis 14" (Test), „14 bis jetzt" (Test). „Nun prüfen wir nochmals die Fingerdeterminatoren in der Gegenwart. Elektrisch, hält. Emotional, hält. Nahrung/Genetik, hält. Strukturell, hält – und Reaktive, hält. Die Gegenwart ist also in Ordnung."

Lisa: „Was kommt jetzt?"

Sie: „Wir werden die Altersrezession fortführen, bis wir bis zum Zeitpunkt der Empfängnis frei sind. Los geht's. Gegenwart, jetzt bis 14" (Test) „14 bis 10" (Indikatorveränderung). „O.k., fangen wir mit der höchsten Zahl an: 14" (Test), „13" (Test), „12" (Test), „11" (der Indikator gibt nach). „Überprüfung: 10" (der Indikator ändert sich wieder). „9" (er ändert sich nochmals).

„Nun, Lisa, der Indikator sollte eigentlich nur bei einer Altersstufe nachgeben, d.h. daß wahrscheinlich Switching vorliegt. Weißt du noch, ich habe dir beim ersten Test die Korrektur dafür gezeigt. Atme also tief durch und massiere alle Korrekturpunkte." (Lisa korrigiert, der anschließende Test zeigt die erfolgte Korrektur an.) „Wir gehen zurück zum Alter, bevor das Switching auftrat. 12 Jahre" (Test), „11" (Test; und der Indikator gibt nach). „Zur Überprüfung: 10" (Test, der Indikator hält). „11" (und er gibt nochmals nach). „Prozentsatz der Negativen Emotionalen Ladung?" (wird getestet). „Mehr als 50? – 60? – 70? – 80?" (Indikator gibt nach). „79? – 78? – 77?" (Indikator hält bei 77 %). „77 % mit 11 Jahren. Jetzt testen wir die Fingerdeterminatoren: Elektrisch, Emotional, Nahrung/Genetik, Strukturell" (der Indikator gibt nach). „Stressoren treten oft in bestimmten Mustern auf, so daß es gut möglich ist, daß eine Fixierung wieder auftritt. Wir korrigieren sie wieder, indem wir mit der

Taschenlampe zwischen die Augenbrauen leuchten." (Vor und nach der Korrektur wird der Test mit dem Schauen auf das schwarze Papier durchgeführt. Nach der Korrektur hält der Muskel stand und die Negative Emotionale Ladung beträgt 0 %.) „Jetzt teste ich noch einmal das Alter, das die Indikatoränderung bewirkte, also 11; auch hier testet der Muskel stark, und wir kommen nun zurück in die Gegenwart."

Lisa: „Testen wir nochmals die Fingerdeterminatoren, um zu sehen, ob in der Gegenwart nun auch alles o.k. ist?"

Sie: „Genau: Elektrisch, Emotional, Nahrung/Genetik, Strukturell und Reaktive Muskeln, – alle halten stand."

Lisa: „Also wieder Altersrezession."

Sie: „14 bis 10 Jahre" (Test), „10 bis Geburt" „Indikatorveränderung", „10" (Test), „9" (Test), „8" (Test), „7" (Indikatorveränderung). „Gegenprobe: 6" (hält stand), „7 ist es. Und nun noch den Prozentsatz der Negativen Emotionalen Ladung." (Sie finden heraus, daß es 96 % mit 7 Jahren sind.) „Jetzt die Fingerdeterminatoren. 'Elektrisch' zeigt eine Indikatoränderung."

Lisa: „Jetzt gehen wir die Kategorie Elektrisch durch, um festzustellen, was nicht stimmt, noch dazu mit 96 % Negativer Emotionaler Ladung. Das ist aber eine Menge!"

Sie: „Das stimmt. Also testen wir Elektrisch. Zuerst teste ich den Transversalfluß, indem ich eine wedelnde Bewegung mit der Hand quer über den Oberkörper mache und teste. Nichts. Lisa, bewege bitte vorsichtig das Zungenbein, und ich teste. Nichts, o.k. Schau dir das X auf der Tafel an,- der Indikator gibt nach. Jetzt schau dir die parallelen Linien an" (der Muskel hält). „Wir müssen also das Überkreuzbewegungsmuster korrigieren."

Lisa: „Das wäre?"

Sie: „Du läufst auf der Stelle und bewegst die Arme und Beine entgegengesetzt. Führe dabei die Hände über die Mittellinie und berühre das gegenüberliegende Knie. Gut, weiter so. Wenn ich 'Wechsel' sage, berühre das rechte Knie mit der rechten Hand, das linke mit der linken. Wechsel! Weiter so! Wenn ich wieder 'Wechsel' sage, wieder zurück zum gegenüberliegenden Knie. Wechsel! Gut, lauf weiter und bewege dabei die Augen im Kreis und geradeaus. Erst im Uhrzeigersinn, dann dagegen."

Lisa: „Wie lange noch?"

Sie: „Gut so. Hör auf und sieh auf das X." (Der Indikator hält, wie es sein soll). „Jetzt sieh auf die parallelen Linien" (der Indikator ändert sich). „Negative Emotionale Ladung bei 7 Jahren? 0 %."

Lisa: „War es am Anfang nicht umgekehrt?"

Sie: „Richtig. Das heißt, diese Korrektur war erfolgreich. Deine dominante Gehirnhälfte kommuniziert jetzt mit der anderen, anstatt diese zu übersteuern. Dies ist ein solcher Durchbruch, daß ich das Überkreuzbewegungsmuster ab 7 Jahren als Einzelkategorie noch weiter zurückverfolgen möchte. Denk an das X, während wir einen anderen Zeitabschnitt suchen, wo dies das Grundproblem war. 6 Jahre" (Test), „5 Jahre" (Test), „4" (Test), „3" (der Indikator gibt nach). „Wir testen den Prozentsatz der Negativen Emotionalen Ladung, er ist mit 93 % wieder reichlich hoch. Jetzt schau auf das X" (der Indikator gibt nach). „Schau nun auf die parallelen Linien" (der Indikator hält). „Jetzt mach die Korrektur weiter für die Überkreuzbewegung. Bewege dabei die Augen im Uhrzeigersinn, geradeaus, dann in die andere Richtung. Wechsle dabei zum gleichseitigen Gehen und zurück zum Überkreuzmuster. Das genügt. Wir wollen sehen, ob die Korrektur für das Alter von 3 Jahren gewirkt hat. Sieh das X an, der Indikator hält jetzt. Sieh die parallelen Linien an, und er gibt nach. So muß es sein! Liegt die Negative Emotionale Ladung immer noch bei 93 %?" (Der Indikator sagt nein.) „Weniger als 5?" Ja! 4 %? 3 %?" (Der Indikator hält.) „Mach noch eine Korrektur für das Überkreuzbewegungsmuster." (Lisa tut es). „Überprüfen wir nochmals die Ladung. Es sind nun 0 %. Gehen wir weiter zurück: 2 Jahre" (Test). „1 bis Geburt" (der Indikator gibt nach.) „Prozentsatz der Negativen Emotionalen Ladung?" (Sie testen) „83 % bei einem Jahr. Sieh das X an" (der Indikator gibt nach.) „Schau auf die parallelen Linien" (der Indikator hält.)

„Mach noch einmal die Korrektur für das Überkreuzbewegungsmuster. – Sehr gut. Prüfen wir das Ergebnis. 1 Jahr, sieh dir das X an, das hält jetzt stand und parallele Linien ändern den Indikator. Wieviel Prozent Negative Emotionale Ladung? 0 % – gut, das wollten wir erreichen."

„War zu einem früheren Zeitpunkt das Überkreuzbewegungsmuster ausgeschaltet? 1 Jahr bis Geburt hält jetzt. Geburt bis Empfängnis, hält stand. Zurück zur Gegenwart. Empfängnis bis Geburt, hält. Geburt bis 10, hält. 10 bis Gegenwart, jetzt, hält stand. Schau auf das X, während ich teste, der Indikator hält. Schau auf die parallelen Linien, er gibt nach. Die Befreiung in der Vergangenheit befreite also auch die Gegenwart!"

Lisa: „Erstaunlich!"

Sie: „Ja, aber wir müssen nochmals die Fingerdeterminatoren überprüfen, um sicher zu sein, daß in der Gegenwart auch alles klar ist: Elektrisch, hält. Emotional, hält. Genetik/Nahrung, hält. Strukturell, hält, und Reaktive hält auch."

Lisa: „Sind wir nun fertig?"

Sie: „Fast. Prüfen wir noch einmal. Also, Gegenwart bis 14" (hält), „14 bis 10" (hält), „10 bis Geburt" (hält), „Geburt bis Empfängnis" (hält). „Und wieder zurück: Empfängnis bis Geburt" (hält), „Geburt bis 10" (hält), „11 bis Gegenwart" (hält). „Prüfen wir die Fingerdeterminatoren. Elektrisch" (hält), „Emotional" (hält), „Nahrung/Genetik" (hält), „Strukturell" (hält), „Reaktive" (hält). „Wenn der Indikator weder bei Altersrezession noch bei den Fingerdeterminatoren nachgibt, sind wir am Ende der Sitzung."

Lisa: „Aber was bedeuten alle diese Indikatorveränderungen, die ich während der Sitzung hatte?"

219

Sie: „Überprüfen wir sie." (Alle „Ausfälle" testen nun stark. Lisa ist erst erstaunt, dann begeistert. Keine Indikatorveränderungen mehr. Alles hält stand, einschließlich positiver und negativer Streßaussagen, und die Negative Emotionale Ladung zum Thema Rechtschreibung beträgt 0 %.)

Lisa: „Ich bin sehr zufrieden. Aber wie lange wird das anhalten?"

Sie: „Sogar wenn du nichts mehr dafür tust, wirst du eine generelle Verbesserung beim Lesen, Verstehen und Schreiben bemerken. Um noch mehr zu erreichen und schneller voranzukommen, werden dir bestimmte Hausaufgaben helfen. Die effektivste für dich finden wir durch das Testen der Fingerdeterminatoren heraus: Elektrisch" (Der Indikator gibt nach). „Gehen wir also die Elektrische Kategorie durch. Sieh das X an, während ich teste." (Der Indikator gibt nach.) „Ist das das Beste? Ja. Gibt es etwas Besseres? Der Indikator sagt 'Nein'. Also Überkreuzbewegungen. Und wie lange? Mehr als eine Woche? Ja. Länger als einen Monat? Nein. Länger als drei Wochen? Nein. Weniger als drei Wochen? Nein. Drei Wochen? Ja. Mehr als einmal täglich? Ja. Zweimal? Ja. Morgens und abends? Ja. Noch etwas? Nein."

Lisa: „Ich werde also morgens und abends Überkreuzgehen und Augenbewegungen üben und auch zwischendurch, wenn ich mal gestreßt bin."

Sie: „Sooft du willst. Mach die Übungen zweimal pro Tag und auch zwischendurch, wenn du Lust hast, bis wir uns das nächste Mal sehen. Wie wär's mit nächster Woche?"

Lisa: „Gerne."

Sie: „Zum Schluß stellen wir sicher, daß du keine auf die Sitzung bezogene Negative Emotionale Ladung hast." (7 % werden identifiziert und sind noch auszubügeln. Über die Fingerdeterminatoren wird der Strukturelle Bereich herausgefunden. Nach der Korrektur hat Lisa 0 % Negative Emotionale Ladung in Bezug auf die Sitzung, die damit beendet ist!)

Anhang

1. Test-Übersicht

	Test	Korrektur
Transversalfluß	Handbewegung über den Körper	Nabel und Stirn berühren
Streßzeichen	Augen beobachten	Nach der Sitzung wieder prüfen
Switching	Indikatormuskel mit wechselnder Hand testen	links/rechts-Nabel+Ni 27 oben/unten – Ober-Unterlippe massieren und Nabel berühren vorn/hinten – Nabel + Steißbein
Zentral- und Gouverneursgefäß	Mit der Hand folgen und testen	Meridian fluten
Anforderungen	% Negative Emotionale Ladung	Nach Abbau nachtesten
Lesewahrnehmung	Lesen: laut/still Verständnis prüfen	Ni 27 mit Augenbewegungen und Alphabet oder Cook-Methode
Alphabet/Zahlen	Laut aufsagen und testen	In der Luft, mit der Hand und im Geiste nachzeichnen
Überqueren der Mittellinie	Geschriebene Zeile in Dritteln testen	Unendlichkeitssymbol
Augenkurzschluß	Testen mit offenen/ geschlossenen Augen in allen 5 Richtungen	Augenpunke
Ohrenkurzschluß	Kopf drehen und testen	Ohr ziehen
Fixierung	Schwarz ansehen	Glabella beleuchten
Zungenbein	Vorsichtig beim Testen bewegen	Muskel feststellen, Muskelbauch kneifen
Nahrung/Genetik	Glabella mit zwei Fingern berühren	RNS/DNS-Wasser
AIZ	Hinter dominantem Ohr klopfen und berühren	Achilles- und Kniesehnen zupfen. Oberen Trapezmuskel stabilisieren und Schulter drehen.
Streßaussage	Ich will …und vertraue …" Ich will nicht …"	Emotionaler Streßabbau und Körper-Scanning

2. ONE BRAIN-Korrekturablaufplan

A Klarer Muskelfunktionskr. | Switching

B Fingerdeterminatoren in der Gegenwart — Korrigiere jede IM-Veränderung

C Altersrückversetz. | % Negative Emotionale Ladung | Fingerdetermin. Korrigiere jede IM-Veränderung

Daumen/Kleinfinger Elektrisch	Daumen/Ringfinger Emotional	Daumen/Mittelfinger Ernährung	Daumen/Zeigefinger Struktur	4 cm über Kopf Reaktive
Transversalfluß Zungenbein Lesewahrnehmung Überkreuz-Muster Augen-Kurzschluß Ohren-Kurzschluß Alphabet/Zahlen Überqueren d. Mittell.	ESR Körper-Scanning	RNS/DNS Wasser	Fixierungen A.I.Z.	Kurzschluß: Augen Kurzschluß: Ohren Überkreuz-Muster

0% Negative Emotionale Ladung bei Alter

0% Negative Emotionale Ladung

D Zurück zur Gegenwart
Teste und korrigiere Fingerdeterminatoren und fahre fort mit ALTERSRÜCKVERSETZUNG, bis GEGENWART-EMPFÄNGNIS stark testet.

E Verifiziere 0% Negat. Emotion. Ladung auf Thema

F 0% Emotionale Ladung auf Sitzung

3. Checkliste zur Verhaltensbeurteilung

Ankreuzen, wenn gegenwärtig vorhanden. Zweimal ankreuzen, wenn besonders auffällig. ( ) zeigt den Zustand nach der Korrektur: (U) unverändert; (O) ganz ordentlich; (G) gut; (H) hervorragend; (N) nicht erkennbar.

___ anfällig für Unfälle ( )
___ Allergien ( )
___ knabbert an Fingernägeln ( )
___ ungeschickt ( )
___ konservativ ( )
___ leidet an Verstopfung ( )
___ Tagträumer ( )
___ disziplinlos ( )
___ schlechte Zeiteinteilung ( )
___ schlechte Konzentration ( )
___ kann Anweisungen nicht befolgen ( )
___ kann schlecht Anweisungen geben ( )
___ nicht entscheidungsfreudig ( )
___ kann die Zeit nicht einschätzen ( )
___ stört andere ( )
___ wird mit Stress nicht fertig ( )
___ erregbar ( )
___ kämpft ( )
___ Alpträume ( )
___ Kopfschmerzen ( )
___ altersbezogen zu unreif ( )
___ ungeduldig ( )
___ impulsiv ( )
___ wenig Vertrauen ( )
___ führt Begonnenes nicht zu Ende ( )
___ verdreht Zahlen oder Buchstaben ( )
___ lügt ( )
___ launisch ( )
___ hyperaktiv ( )
___ schwache Augen-Hand-Koordination ( )
___ schwache Handschrift ( )
___ schwaches Verständnis beim Lesen ( )
___ rücksichtslos ( )
___ ruhelos ( )
___ stützt beim Schreiben den Kopf auf den Arm ( )
___ reibt sich öfter die Augen ( )
___ empfindlich ( )
___ führt Arbeiten nur langsam zu Ende ( )
___ hört mitten im Spiel auf ( )
___ redet zuviel ( )
___ Quälgeist ( )
___ unbeliebt ( )
___ unberechenbar ( )
___ Bettnässer ( )

4. Korrektur der Legasthenie und Verhaltensänderungen

Die vorstehende Verhaltensbeurteilung wird Ihnen sicher bei der Arbeit mit den *ONE BRAIN*-Korrekturen von Nutzen sein. Wir verwenden sie häufig bei älteren wie bei jungen Menschen, vor dem Abbau von sogenannten Lernstörungen. Wie Sie gesehen haben, ist die Beurteilung sehr weiträumig. Wir haben sie aufgeführt, um auch auf andere problematische Verhaltensweisen außerhalb der legasthenischen hinzuweisen, damit allen Beteiligten die positiven Veränderungen bewußter werden.

Hier die Gründe, warum die Verhaltensbeurteilung einen so wichtigen Beitrag liefert.

Unsere Reaktion auf Stressoren, ob Kampf oder Flucht, manifestiert sich in der Haltung, den Gesten und anderen physischen Signalen. Wenn unser Verhalten zum Beispiel dauernd auf Ablehnung stößt, dann kann es sein, daß wir unsere physischen Gewohnheiten verändern, um sie diesem Stressor anzupassen. Dabei entwickeln wir vielleicht die Tendenz, den Kopf schräg zu halten, um uns von Dingen abzuwenden, die wir nicht hören oder sehen wollen, oder wir entscheiden uns dafür, solche Stressoren gar nicht erst wahrzunehmen.

So ist es möglich, daß wir das Sehen mit einem Auge fortwährend blockieren, bis wir eventuell nach Jahren ständiger Wiederholung dieser unguten Angewohnheit auf einem Auge blind oder auf einem Ohr taub werden, ohne einen klinisch nachweisbaren Grund. So schwierig es für viele ist zu glauben, daß Taubheit und der Verlust des Sehvermögens von emotional begründeten, auf Wahrnehmung bezogenen schlechten Angewohnheiten herrühren kann, unsere Erfahrung lehrt uns, daß dies möglich ist. Wir schaffen es zwar, emotionalen Druck zu überleben, aber zu welchem Preis!

Das Wahrnehmen von Gesehenem und Gehörtem hängt gleichermaßen sowohl von unseren Wahrnehmungsorganen als auch davon ab, wie wir vorbereitet wurden wahrzunehmen. Die Augen sind nur Lichtrezeptoren für das Gehirn; die Ohren nur Schallrezeptoren. Wir sehen oder hören nicht genaue Nachbildungen dessen, was „da draußen" existiert. Unsere audiovisuelle Wahrnehmung wird durch Gedächtnis, Urteilskraft, Wahl und frühere Erfahrung beeinflußt.

Zur Erinnerung: Das Gehirn lauscht auf alle Botschaften der Sinne, bevor es ein Bild, einen Ton, einen Gedanken identifiziert oder einen Entschluß faßt. 20 % der von der Netzhaut kommenden Information erreichen niemals die Sehrinde, um für das Sehen genutzt zu werden.

Sie wandern zu anderen Zentren des Gehirns, um mit mehr Daten über die Körperorientierung, die Stellung im Raum und das, was zur Zeit der visuellen Wahrnehmung gehört wird, integriert zu werden. (Das gleiche gilt für den Prozeß des Hörens.)

Die Art und Weise, wie wir denken, beeinflußt unser Sehen, und unser Sehen beeinflußt die Art und Weise, wie wir denken. Die Art und Weise, wie wir denken, hat zu tun mit unseren Reaktionen auf unsere Umwelt, und die Rückmeldungen auf diese Reaktionen wirken auf unseren Selbstwert. Wenn wir also auf einem Gebiet arbeiten, wie z.B. dem Lesen oder Verstehen, arbeiten wir in Wirklichkeit gleichzeitig auf allen Gebieten des Lebens eines Individuums. Weil das so ist, führen *ONE BRAIN*-Korrekturen gewöhnlich sowohl zu positiven Verhaltensveränderungen als auch zu einer verbesserten Wahrnehmung.

Und wenn wir uns bewußt werden, daß Veränderungen in der Wahrnehmung stattgefunden haben, müssen wir erkennen, daß wir es nicht länger mit „derselben Person" zu tun haben, denn diese wird, befreit von einem legasthenischen blinden Fleck, zu einem wachsenden, sich verändernden Individuum. Wir müssen die Person mit neuen Augen sehen und uns in die Verhaltensänderung einstimmen, die mit der verbesserten Wahrnehmung Hand in Hand geht. Mehr noch, wir müssen die eingetretene Veränderung in Worten ausdrücken und bestätigen, weil das der Person hilft, deren Bedeutung zu würdigen.

Unsere Reaktion auf die positiven Verhaltensänderungen ermöglicht es auch der Testperson, diese zu erkennen und aus ihnen Nutzen zu ziehen.

Seien Sie also der positiven Veränderungen gewahr, und reagieren Sie anders aufgrund der Verhaltensveränderungen, die Sie beobachten!

5. Ergebnisse eines Sonderschul-Projektes von 1985

PROGRAMM ZUR UNTERRICHTSVERBESSE-
RUNG FÜR LEHRER UND SCHÜLER

Titel des Projektes: Abbau der Legasthenie

Schule: Sierra Vista Junior High School

Antragsteller: Lee Wasserwald, Lehrer für Sonderunter-
richt

Beratung: THREE IN ONE CONCEPTS
3210 w. Burbank Blvd., Suite A
Burbank, CA 91505
818 – 841 – 4786

Voraussetzungen:
An dem Programm nahmen 11 Sonderschüler teil, die
zwischen 3 und 7 Jahren hinter ihrer eigentlichen Klas-
senstufe zurücklagen. Diese Schüler hatten schon mehrere Jahre die Sonderschule besucht, und ihre Einstellungen der Schule gegenüber reichten von Langeweile
bis Widerwillen.

Ziele des Programms:
Durch das Projekt „Abbau der Legasthenie" sollte festgestellt werden, ob beim Lernen, in der Motivation und
in den schulischen Leistungen sowie hinsichtlich der
inneren Einstellung zu Schule und eigenem Verhalten
positive Veränderungen erreicht werden können.

229

Testablauf:
Vergleich von vorher und nachher durchgeführten Prüfungsarbeiten der Schule hinsichtlich Rechtschreibung, Lesen, Mathemathik sowie Textverständnis. Beobachtungen der Eltern über verhaltensmäßige, schulische oder die innere Einstellung betreffende Veränderungen ihrer Kinder; Vergleich von Bandaufnahmen vorgelesener Texte. Darüber hinaus wurden Schriftvergleiche gemacht sowie Aufnahme und Verständnis von gegebenen Informationen beurteilt.

Zeitraum: 8 Wochen. Die Berater arbeiteten jeden Montag mit den Schülern.

Veränderungen erkennbar/nicht erkennbar:
Definiert man als „signifikant" einen Zuwachs von mehr als einem Jahr, dann zeigten acht der elf Schüler einen signifikanten Entwicklungsschub in einer bis sechs der beurteilten Kategorien. Der Zuwachs reichte von 1,2 Jahren bis zu 3,2 Jahren. Drei Schüler zeigten keinen signifikanten Zuwachs. Bei keinem wurde eine sichtbare negative Veränderung festgestellt.

Kommentare der Eltern:
Von den elf Reaktionen waren hinsichtlich der beobachteten Veränderungen sieben sehr und eine leicht positiv. Noch eindrucksvoller waren die sich gleichenden Formulierungen in uns zugesandten schriftlichen Mitteilungen über die Schüler:

„Ruhiger, beklagt sich weniger, ansprechbarer, sicherer, mehr Selbstvertrauen."

„So ruhig war sie früher noch nie. Angenehmer, ansprechbarer und zuversichtlicher."

„Beklagt sich weniger. Weniger Zorn. Braucht weniger Hilfe bei Hausaufgaben. Stärkere Motivation, begonnene Arbeiten werden zu Ende geführt."

„Keine sichtbare Veränderung."

„Ruhiger, etwas verantwortungsvoller."

„Schreibt kompliziertere Antworten ohne Klagen. Tut sich leichter mit Schularbeiten. Lesen und Rechtschreibung sind besser geworden. Mathemathik hat sich verbessert."

„Geduldiger, mehr Respekt gegenüber anderen, verantwortungsbewußter."

„Ruhiger, friedlicher."

„Erfolgreicher bei Schularbeiten. Entwickelt Sinn für Humor. Ansprechbarer und hilfsbereit. Selbstsicher."

„Keine sichtbare Veränderung."

„Verbesserte Einstellung gegenüber Lesen, Mathemathik, Schule und Hausarbeiten. Selbstsicherer."

Kommentare von Schülern:
Ein Schüler, 14 Jahre alt, sagte, die Gedanken seien klarer. Er mache sich weniger Sorgen, sei geschickter und gefühlsmäßig ausgeglichener.

Ein Schüler, 15 Jahre alt, sagte, in seine verletzte linke Hand sei wieder mehr Gefühl zurückgekommen. Seine Wahrnehmung von Gegenständen habe sich verbessert.

Ein Schüler, 13 Jahre alt, sagte, er lese jetzt mehr.

Kommentare von Lehrern:
Zwei Schüler verbesserten sich deutlich in einer der sechs Kategorien, vier Schüler in zweien, ein Schüler in drei Aspekten, einer in vier Kategorien, zwei in fünf Kategorien und einer in allen sechs. Anders betrachtet

231

verbesserten sich 73 % der Schüler sichtbar in drei Kategorien, 50 % in einer und 27 % in zwei anderen. Darüber hinaus waren die elterlichen Kommentare sehr eindrucksvoll. Die Gleichartigkeit in Worten und Wahrnehmungen zeugt von einer positiven Veränderung.

Das Projekt war ein durchschlagender Erfolg. Die Korrekturen haben offenbar einige Blockaden des Lernprozesses gelockert oder aufgelöst, so daß die gestellten Aufgaben verständlicher und leichter wurden.

In Anbetracht dieser Tatsachen wird erwogen, weitere Zuschüsse zu beantragen, um das Programm mit geringfügigen Veränderungen der zeitlichen Struktur und der Tests fortzusetzen.

Anmerkung: Für 1986 wurde ein zweiter Zuschuß gewährt.

6. Literaturhinweise

Eckstein, G.: The Body Has A Head, Harper & Row, 1969

Esch, D. & Lepley, M.: Musculoskeletal Function, U. of Minnesota Press, 1974

Fried, L. A.: Anatomy of the Head, Neck, Face and Jaws, Lea & Febiger, 1980

Guyton, A. C.: Physiology of the Human Body, W. B. Saunders Co., 1979

Kavner, R. S. & Dusky, L.: Total Vision, A. & W. Publishers Inc., 1978

Kedall, F. P. & McCreary, E. K.: Muscles Testing and Function, Waverly Press Inc., 1983

Malstrom, S. & Myer, M.: Own Your Own Body, Bell Press, 1977

Penfield, W. & Roberts, L.: Speech and Brain-Mechanisms, Atheneum, 1966

Rasch, P.J., & Burke, R. K.: Kinesiology and applied Anatomy, Lea & Febiger, 1978

Restak, R. M.: The Brain the Last Frontier, Warner Books, 1979

Schaeffer, Morris (Editor): Human Anatomy, Blakiston Co., 1946

Stokes, G. & Marks, M.: Dr. Sheldon Deal's Chiropractic Assistants and Doctors Basic AK Workshop Manual, Touch for Health, 1983

Stokes, G. & Whiteside, D.: ONE BRAIN II, Three In One Concepts

Stokes, G. & Whiteside, D.: Structural Neurology, Three In One Concepts, 1985

Stokes, G. & Whiteside, D.: Under the Code, Three In One Concepts, 1985

The Human Body Series, U. S. News Books, 1985

Thie, J.: Touch For Health, DeVorss Co., 1973

Thompson, C. W.: Manual of Structural Kinesiology, C. V. Mosby Co., 1985

Walther, D. S.: Applied Kinesiology, Systems D. C., 1976

Wooldridge, D. E.: The Machinery of the Brain, McGraw-Hill Inc., 1963

Zeig, J. K.: Ericksonian Approaches to Hypnosis and Psychotherapy, Brunner/Mazel Publishers, 1982

7. Stichwortverzeichnis

(Hier sind nur diejenigen Seitenzahlen angegeben, die nicht bereits dem Inhaltsverzeichnis zu entnehmen sind.)

ACTH (s. auch Streßhormone) 121
Adrenalin 53
AIZ (s. auch Allgemeine Integrations-Zone) 20, 45, 133, 185, 208
Akupressur 59
Allgemeine Integrations-Zone (s. auch AIZ) 17, 20, 133, 185
Alphabet 104, 159, 170, 203
Altersrezession 17, 158, 179, 213, 215
Anforderungen 199
Angewandte Kinesiologie 59 f.
Angst 13, 16, 25, 40, 46, 74, 82, 86, 102, 122, 137
Augenkurzschluß 168, 190, 204

Bewegungskrankheits-Syndrom 12
Broca-Bereich 26, 33
Broca'sches Trauma 29

Cook-Methode 166
Corpus callosum 38, 43

Deltoideus anterior 60, 62, 69, 74
DNS 131 f., 183
Dramamin 12

Emotionales Streß-Statement 174
endokrines System 118
Erinnerung 18, 22, 34, 38, 44, 46, 132, 137, 148 f.
Extension 62

Fixierung 185, 206, 214
Formatio reticularis 119
Funktionskreis,
– klarer 58, 123, 198

gehirngeschädigt 11
Gehvermögen 73
Glabella 130 f., 183, 185, 208
Glaubenssystem 16, 24
– konditioniertes 21, 40

gleichseitiges Flußmuster
42
Gurdjieff 110

Hinterhauptslappen 21,
22
Hirnanhangdrüse
(Hypophyse) 118 f., 132
Hormone 118
Hypophyse (Hirnan-
hangdrüse) 118 f., 132
hypothalamisch-limbi-
scher Komplex 102
Hypothalamus 119

ideomotorischer Bereich
23, 24
Integration von Vorder-
und Hinterhirn 36, 37,
133

Körper-Scanning 181
Kontraktion 62
Kurzschluß 32, 36, 46, 83,
89, 107, 110, 172

Lesevermögen 164
Lesewahrnehmung 164,
201

Mittellinie
– Überqueren der 172,
203

Nebennierenerschöpfung
53
Negative Emotionale
Ladung (NEL) 16 ff.,
99 ff., 136, 145 ff., 195,
199 f., 210, 212
nicht-dominantes Gehirn
41

Ohrenkurzschluß 169,
191, 206

Parietallappen 21, 22
Pfeilnaht 142
prämotorischer Bereich
23, 30
Propriozeptoren 75

RNS 131 f., 183

Schläfenlappen 21, 22, 27,
149 f.
Schreibvermögen 28
Sehvermögen 32, 227
Sehzentrum 31, 32
Selbstbildzentrum 24

somästhetischer Bereich
22, 23
Sprachstörungen 26
Stirnlappen 20, 21, 22, 26
Streß 36, 89
– emotionaler 13, 15,
20, 36, 40, 74, 174, 209
– Statement,
Emotionales 174
Streßhormone (s. auch
ACTH) 36, 49, 121
Stressoren 42, 57, 74, 86,
114, 164, 175, 179, 215,
226
Switching 146, 198, 215

Thalamus 23
Transversalfluß 154, 207,
216
Trauma
– Broca'sches 29
– emotionales 29, 47,
129, 142, 145, 190
– Wernicke- 29

Überkreuz-Muster 42,
125, 158, 191, 207,
217 ff.
Unendlichkeitssymbol
172
Unterenergie 59, 64

Verleugnung 14, 15, 50
Vertikale Aurikular-Linie
18

WADA-Test 108
Wernicke-Bereich 26
Wernicke-Trauma 29

Zahlen 159, 170, 203
ZBAD (s. auch Zone für
Bewußtes Assoziatives
Denken) 19 ff., 46, 136 f.
Zirbeldrüse 118 ff.
Zone für Bewußtes
Assoziatives Denken
(s. auch ZBAD) 19 ff.
Zungenbein 154, 207, 216

Claudia Meyenburg (Hrsg.):
Die Sache mit dem X.
Brain-Gym® in der Schule

"Persönlich war ich ja sehr schnell von der Wirksamkeit der Methode überzeugt. Was mir anfangs Kopfzerbrechen bereitete, war die Frage, wie ich sie überzeugend an meine Schulkinder heranbringe ..."

Dieses Buch zeigt, wie man's machen kann. 18 LehrerInnen, SchulleiterInnen und SozialpädagogInnen verschiedener Schularten ermutigen mit ihren Erfahrungen und Ideen zu eigenen Versuchen. Im Mittelpunkt steht immer wieder: die Sache mit dem X – das neurologische Überkreuzmuster im Gehirn, das für Lernen von grundlegender Bedeutung ist. Außerdem zeigt dieses Buch, welche Wirkungen Brain-Gym® auf Charakterbildung, Selbsterziehung und Sozialverhalten in der Schulklasse haben kann.

2. Auflage, 222 Seiten, 35 Abbildungen, Paperback
34,– DM/34,– sFr./265,– öS, ISBN 3-924077-53-3

Dr. Paul E. Dennison:
Befreite Bahnen

Lernbehinderungen sind keine Krankheit. Sie sind vielmehr Störungen im Kommunikationsnetz, das den Menschen mit seiner Welt verbindet. Beim lernbehinderten Kind liegt eine „Blockierung des Systems" vor:
Es wird durch den Leistungsdruck und das Konkurrenzdenken in der Schule abgeblockt. Paul Dennison erläutert, wie dieses Dilemma zustande kommt und wie wir es überwinden können. Die dabei eingesetzten Techniken basieren auf den neuesten Entdeckungen der experimentellen Psychologie und der Gehirnforschung in den USA.

9. Auflage, 177 Seiten, 70 Illustrationen, Paperback,
26,– DM/26,– sFr./203,– öS,
ISBN 3-924077-01-0

Das INSTITUT FÜR ANGEWANDTE KINESIOLOGIE FREIBURG veranstaltet laufend Kurse in *Touch For Health (Gesund durch Berühren)*, in *Edu-Kinestetik*, in *Entwicklungskinesiologie* und in allen anderen Bereichen der Angewandten Kinesiologie. Dank enger persönlicher Kontakte zu den Pionieren der AK ist das Institut in der Lage, ständig die neuesten Entwicklungen auf diesem Gebiet zu präsentieren.

Außerdem fördert das Institut die Verbreitung der Angewandten Kinesiologie im deutschsprachigen Raum durch Literaturempfehlungen und Adressenvermittlung. Wer an der Arbeit des Instituts interessiert ist, kann kostenlose Unterlagen anfordern bei:

INSTITUT FÜR ANGEWANDTE KINESIOLOGIE FREIBURG
Zasiusstraße 67, D-79102 Freiburg, Telefon 07 61-7 33 08, Telefax 07 61-7 06 3 84

Kooperationspartnerin in Österreich:
Akademie für Angewandte Kinesiologie, Gabriele Lehner
A-8362 Kräuterdorf Söchau, Tel. 0 33 87-32 10, Fax 0 33 87-32 12

Dr. Paul E. Dennison/Gail E. Dennison:
EK für Kinder

EK für Kinder ist ein Bilder- und Arbeitsbuch für Kinder mit einem erläuternden Anhang für Eltern, Lehrer und Erzieher. Reich illustriert und in Schreibschrift werden den Kindern die Gehirnfunktionen erklärt, die mit verschiedenen Lernaufgaben zusammenhängen. Die Erklärungen münden in Übungen, die bei Lernproblemen helfen und die Kinder selbständig ausführen können.

11. Aufl., 93 S. (16,5 × 24 cm), 53 Illustr., Spiralheftung, 19,80 DM/19,80 sFr./155,– öS, ISBN 3-924077-06-1

Lernen braucht Bewegung
Einführung in gehirnfreundliches Lernen für Eltern und Kinder, von Dr. Jochen Hering

Audiokassette, mit Musik (Gesamtspieldauer 64 Min.), 28,– DM/28,– sFr./252,– öS, ISBN 3-924077-51-7
Seite 1: Informationen, Beispiele, Übungen f. Erwachsene
Seite 2: Phantastische Reise ins Gehirn, für Kinder

PAUL UND GAIL DENNISON
Das Handbuch der EDU-KINESTETIK für Eltern, Lehrer und Kinder jeden Alters. Ⓟ VAK

Gail E. Dennison
Paul E. Dennison
BRAIN GYM

Ⓟ VAK

Dr. Paul E. Dennison/Gail E. Dennison:
Brain-Gym®

Besser lernen mit dem *ganzen* Gehirn ist Ziel dieser „Gehirngymnastik". In Fortsetzung zu *EK für Kinder* bringt dieses Buch weitere Übungen für ein ganzheitliches Lernen. Die witzig illustrierten Körperübungen sind auf Anwendungsgebiete wie Rechnen und Schreiben, kreatives Denken und Selbstbestimmung bezogen.

7., neu illustrierte u. bearb. Aufl., 65 Seiten (16,5 × 24 cm), 50 Illustrationen, Spiralheftung, 19,80 DM/19,80 sFr./155,– öS,
ISBN 3-924077-75-4

Übungskassetten für Jugendliche und Erwachsene:
Brain-Gym I (Themen: Positive Einstellung, Sehen, Hören, Schreiben, Lesen, Körperbewegung),
Brain-Gym II (Themen: Kommunikation, Organisation, Verständnis, Rechnen, kreatives Denken, Selbstbewußtsein).
Preis: je 28,– DM/28,– sFr./252,– öS

Dr. Paul E. Dennison/Gail E. Dennison:
Brain-Gym®-Lehrerhandbuch

Diese leicht verständliche Arbeitshilfe für Lehrer, Erzieher und Eltern bringt auf jeder Seite zu jeweils einer Brain-Gym-Übung einige Unterweisungstips. Diese befähigen dazu, die Übung für ein bestimmtes Kind oder eine bestimmte Situation zu erklären, abzuwandeln oder weiterzuentwickeln. Außerdem finden sich zu jeder Übung übersichtlich angeordnete Informationen unter folgenden Stichwörtern:

- Erläuterung der Übung
- Aktiviert das Gehirn für was?
- Geförderte schulische Fertigkeiten
- Entsprechungen in Haltung und Verhalten
- Verwandte Übungen
- Zur Entstehung der Übung

7., neu illustrierte u. von den Autoren vollständig überarbeitete Auflage, 54 Seiten (21 × 29,2 cm), 115 Illustrationen, Spiralheftung, 34,– DM/34,– sFr./265,– öS, ISBN 3-924077-70-3

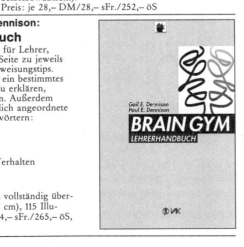

Gail E. Dennison
Paul E. Dennison
BRAIN GYM
LEHRERHANDBUCH

Ⓟ VAK

Fred Warnke:

Der Takt des Gehirns. Wie Sie Informationen schneller verarbeiten

Wußten Sie, daß das Gehirn nicht gleichmäßig arbeitet, sondern mit Unterbrechungen, in einer Taktfolge? Deshalb können wir im Normalfall nur alle 20 bis 40 Millisekunden Sinnesreize aufnehmen und verarbeiten. Wird dieser Gehirntakt beschleunigt, so erhöht dies unser Auffassungsvermögen. Andererseits können Probleme wie Lese-Rechtschreib-Schwäche oder Stottern mit einem langsameren Arbeitstempo des Gehirns zusammenhängen. Engagiert und allgemeinverständlich schildert der Autor den derzeitigen Wissensstand über diese Taktfrequenz des Gehirns. Besondere Aufmerksamkeit verdienen zwei Fallbeispiele, mit denen die Wirksamkeit kinesiologischer Techniken empirisch nachgewiesen werden konnte: Schüler mit großen Lernschwierigkeiten erhöhten durch Brain-Gym®-Übungen ihre Taktfrequenz auf normale Werte.

109 Seiten (A4), Paperback, 34,– DM/34,– sFr./265,– öS, ISBN 3-924077-71-1

Fred Warnke: Was Hänschen nicht hört... Elternratgeber Lese-Rechtschreib-Schwäche

Was Hänschen nicht genau hört, kann Hänschen auch nicht richtig schreiben. Von diesem Grundgedanken ausgehend, zeigt der Autor neue Wege der Früherkennung und Überwindung der Lese-Rechtschreib-Schwäche („Legasthenie") auf. Die leicht verständliche Beschreibung der spielerischen Test- und Trainingsverfahren, die er selbst entwickelt hat, ermöglicht es jeder Familie, diese Verfahren selbständig zu Hause anzuwenden. Dazu dienen auch die Übungstexte für Kinder mit 28 ganzseitigen Bildern und die zusammen mit diesem Buch erschienene CD *Dyslexie und Hör-Lateralität* (ISBN 3-924077-43-6; 29,80 DM/sFr.); sie enthält außer dem Früherkennungstest einen Fachvortrag mit zahlreichen Hörbeispielen zu den Themen dieses Buches.

2. stark erweit. Aufl., 184 Seiten (21 × 29,2 cm), Paperback, 39,80 DM/39,80 sFr./311,– öS, ISBN 3-924077-56-8

Christina Buchner:

Lesen lernen mit links ... und rechts, gehirnfreundlich und ohne Streß. Bilder, Geschichten, Ideen für Lehrer, Eltern und Therapeuten

Dieses Buch zeigt Lehrern, Eltern, Logopäden und anderen Therapeuten, wie sie Kindern dazu verhelfen können, gut und gerne zu lesen. Wird diese Leselernmethode *von Anfang an* eingesetzt, lassen sich viele Lernprobleme vermeiden: durch Ansprechen der linken *und* der rechten Gehirnhälfte.

Alle Kinder lieben Geschichten. Anders als herkömmliche Lesefibeln vermittelt Christina Buchner das Alphabet spielerisch anhand von Geschichten mit Tiefgang, die Kindern Spaß machen. Die vielen originellen Ideen, die die Autorin selbst in der Schule erprobt hat, werden auch *Ihre* Phantasie beflügeln.

186 Seiten (18 × 24,5 cm), 55 Abbildungen, Spiralheftung, 36,– DM/36,– sFr./281,– öS, ISBN 3-924077-49-5